墨香财经学术文库

"十二五"辽宁省重点图书出版规划项目

Application Research of Hedging in Stock Index Futures and Spot Investment Portfolio

邢天才 张登耀 ◎ 著

套期保值在股指期货与现货投资组合中的应用研究

东北财经大学出版社 大连

Dongbei University of Finance & Economics Press

图书在版编目（CIP）数据

套期保值在股指期货与现货投资组合中的应用研究 / 邢天才，张登耀著.
—大连：东北财经大学出版社，2022.8
（墨香财经学术文库）
ISBN 978-7-5654-4540-8

Ⅰ. 套… Ⅱ. ①邢… ②张… Ⅲ. 期货交易-研究 Ⅳ. F830.93

中国版本图书馆CIP数据核字（2022）第085079号

东北财经大学出版社出版发行
大连市黑石礁尖山街217号 邮政编码 116025
网 址：http：//www.dufep.cn
读者信箱：dufep @ dufe.edu.cn
大连永盛印业有限公司印刷

幅面尺寸：170mm×240mm 字数：190千字 印张：13.25 插页：1
2022年8月第1版 2022年8月第1次印刷
责任编辑：李 彬 郭海雷 责任校对：刘 佳
封面设计：冀贵收 版式设计：钟福建
定价：45.00元

教学支持 售后服务 联系电话：（0411）84710309

如有印装质量问题，请联系营销部：（0411）84710711

作者简介

邢天才，男，1961年出生，东北财经大学货币金融研究院教授，主要研究领域为资本市场、保险理论。

张登耀，男，1981年出生，东北财经大学金融学院助理研究员，主要研究领域为资本市场、保险理论。

前言

随着我国推出的金融业对外开放新举措相继落地实施，期货市场提供给投资者的机会也越来越多，但是期货市场复杂程度高，是一个不断变化的动态系统，投资者稍有不慎就会面临投资损失的风险。在投资时如何规避风险、分散风险，同时获得相应的投资回报，是每一位投资者不可回避的话题。因此，在这样的时代背景下，套期保值在期货与现货投资组合中的应用研究这一课题的提出，便具有很好的理论意义与实际应用价值。

另外，在对国内外相关文献进行归纳整理时我们也发现套期保值在期货与现货投资组合中的应用研究仍有拓展价值：一是尽管有关套期保值的研究成果较多，但是大部分是研究商品期货的，由于国内股指期货出现较晚，系统研究国内股指期货套期保值的成果较少。二是套期保值的落脚点是套期保值比率的计算，而为了计算套期保值比率，需要分析数据间的相关性。从现有文献来看，从套期保值的角度研究数据间具有何种类型相关性的文献较少，而且其主要关注的是线性相关层面。三是在现有套期保值的研究成果中，计算出套期保值比率后较少进行后续研究，尤其是在影响套期保值效果的风险因素层面考虑得较少。

鉴于此，立足这样的研究背景，并在考察国内外相关研究的基础上，本书从套期保值在股指期货与现货投资组合中的应用这一角度展开相关研究。首先，通过技术指标筛选，构建多种股指期货与现货收益率预测模型，并结合具体的样本数据进行实证对比分析，寻找不同参数条件下的最优股指期货与现货收益率预测模型，对股指期货与现货收益率进行预测。其次，对两种收益率之间的相关性进行分析。最后，构建多种计算股指期货套期保值比率的算法模型，并结合具体的样本数据对不同模型的股指期货套期保值比率计算结果进行对比分析，寻找不同参数条件下的最优套期保值比率算法模型，同时对影响股指期货与现货投资组合套期保值效果的风险因素进行分析。本书的主要研究结论可归纳如下：

通过构建股指期货与现货收益率预测模型对股指期货与现货收益率进行预测，并运用评价模型预测效果的三种准则对收益率预测结果进行对比分析。分析发现，无论是从股指期货收益率预测角度，还是从现货收益率预测角度来看，ARMA 模型的预测效果最差，SVR 模型的预测效果次之，BPNN 模型的预测效果最好。这也说明在数据结构比较简单，且进行短期预测时，采用 ARMA 模型的效果较好。但是在数据结构比较复杂时，运用智能算法预测模型能得到更优的结果。虽然从理论推导过程来讲，使用遗传算法（GA）和粒子群算法（PSO）优化后的 SVR 模型和 BPNN 模型进行股指期货与现货收益率的预测，比单纯使用 SVR 模型和 BPNN 模型进行预测效果要优，但是，在实际操作过程中效果并不理想，通过使用统计软件反复检验，判断与预设的终止进化代数和迭代进化次数选择有关。另外，在股指期货收益率预测中，遗传算法（GA）优化后的模型得出的整体预测效果比粒子群算法（PSO）优化后的模型得出的整体预测效果要优，而在现货收益率预测中，粒子群算法（PSO）优化后的模型得出的整体预测效果比遗传算法（GA）优化后的模型得出的整体预测效果要优。这也说明，优化后的 SVR 模型和 BPNN 模型在预测效果上之所以存在差异，还与采用的数据样本及样本容量有关。

为了分析股指期货与现货收益率之间的相关性，我们进行了以下两方面的工作：首先，为了检验两种收益率之间的引导关系，构建了VAR模型，经过Granger检验，发现两种收益率之间是一种互为引导的关系。通过两种收益率之间的脉冲响应试验以及预测误差方差分解试验，我们发现在这种互为引导的关系中，股指期货收益率在市场上比现货收益率反应更为灵敏，而且在收益率引导过程中，股指期货收益率承担着主导者的角色。然后，考虑到股指期货与现货收益率之间可能存在着非线性、非对称、尾部相关等特征，我们又构建了针对两种收益率的二元Copula函数模型，发现两种收益率之间确实存在着非线性、尾部相关等特征。也就是说，如果一种收益率中出现极值的情况，那么由于两种收益率之间存在着相关性，就会引起另一种收益率出现振荡。因此，正是因为两种收益率之间存在着较为明显的相关性，才使得现货投资在期货市场上实施方向相反的套期保值操作成为可能。

为了运用构建的多种股指期货套期保值比率算法模型计算出在股指期货与现货投资组合收益率方差最小化目标下的套期保值比率，我们作出了以下尝试。首先，根据对样本数据的单位根和ARCH效应的检验结果，得出了样本数据具备利用构建的多种股指期货套期保值比率算法模型在收益率方差最小化目标下计算套期保值比率的结论。其次，结合具体的样本数据类型，在收益率方差最小化目标的前提下，运用构建的多种股指期货套期保值比率算法模型计算出相应的套期保值比率。最后，运用评价股指期货套期保值比率模型套期保值效果的两类指标对不同的套期保值比率结果进行对比分析，得出了以下结论：无论从收益率方差最小的角度来看，还是从预期收益率最大的角度来看，DVECH-GARCH模型的整体套期保值效果最好，相比之下，OLS模型的整体套期保值效果最差。通过对多种股指期货套期保值比率算法模型套期保值效果的对比分析可以发现，期货合约是一个很好的分散风险的套期保值工具，投资者若能按照一定的套期保值比率将现货头寸与期货头寸进行组合投资，不但能使承担的风险大幅降低，而且投资收益率也能得到显著提高。

为了对投资者进行套期保值操作时提供相应的套保风险预警，本书在股指期货与现货投资组合套期保值模型的基础上，依据ARCH、GARCH、TARCH和EGARCH这四种模型的条件方差方程提出影响股指期货与现货投资组合套期保值效果的几种风险因素，然后将股指期货收益率样本数据代入模型，对风险因素进行检验，得出如下结论：风险因素1、风险因素2及风险因素4在不同的套期保值时间区间下均成立，但风险因素3在不同的套期保值时间区间下结论不成立。为了进一步检验影响股指期货与现货投资组合套期保值效果的风险因素是否稳定，研究风险因素对不同变量数据的敏感性，依然运用上述的几种ARCH族模型，代入股指现货收益率序列样本数据，对提出的影响股指期货与现货投资组合套期保值效果的风险因素进行稳健性检验。通过对风险因素的稳健性检验，同样可以发现，风险因素1、风险因素2及风险因素4在不同的套期保值时间区间下均成立，风险因素3在不同的套期保值时间区间下结论不成立。

综上所述，本书紧紧围绕套期保值在股指期货与现货投资组合中的应用这一研究课题，从股指期货与现货收益率的预测、股指期货与现货收益率的相关性、股指期货套期保值比率的计算、影响股指期货与现货投资组合套期保值效果的风险因素等多个维度进行了研究论证，形成了相对完整的套期保值在股指期货与现货投资组合中的应用研究的理论框架，丰富了期货投资理论体系，以此期待为股指期货的投资提供相应的理论支撑和实际操作参考。

本书的写作得到了东北财经大学金融学院同事们的支持与鼓励，在此向他们表示诚挚的感谢！同时，在本书的出版过程中，东北财经大学出版社的编辑们付出了辛勤的劳动，在此也向他们表达衷心的谢意！

由于作者水平有限，书中的疏漏和不当之处在所难免，敬请广大读者不吝指正，并提出宝贵的意见和建议，共同推动该领域研究的深入进行。

邢天才　张登耀

2022年3月于东北财经大学

目录

1 绪论

在本章中，首先介绍本书的研究背景和研究意义，并对套期保值在股指期货与现货投资组合中的应用相关的国内外文献进行回顾、评述；然后对本书的研究思路和研究内容进行概述；最后列出本书的研究方法和创新之处。

1.1 研究背景和研究意义

1.1.1 研究背景

随着我国推出的金融业对外开放新举措相继落地实施，市场上提供给金融投资者的选择也越来越多，如股票、基金、期货、期权、外汇等投资工具。当然，不同的投资工具各有其适用环境，一般投资者很难在短时间内做到全面了解与驾轻就熟，因此选择适合自己的投资工具与投资方法显然是首先要做的工作。股票是一种有价证券，也是大家最熟悉的投资产品，它是股份有限公司为筹集资金而发给投资者作为公司资本部分所有权的凭证；投资者成为公司的股东，通过分享公司成长成果或通过交易市场交易而获得收益。当然，若公司的成长不如预期，投资者也需要分担因公司经营方针失误所带来的风险。投资者通常会选择股票作为投资工具，但是在信息科技加速了股票市场的自由化与多元化的背景下，投资风险也相伴而来，想要在股票市场上获取持久的无风险收益已经越来越不容易。为了获得相应的正常收益，投资者转向具有潜力的期货市场进行套期保值操作。股指期货作为投资者耳熟能详的金融衍生产品，拥有多空双向的特质，完全可以满足投资者进行投机套利操作和套期保值操作，成为投资者手中不可或缺的工具。

投资者主要通过互联网、报纸杂志、电视媒体等渠道获取期货的相关信息，由于期货市场变化速度快、复杂程度高，导致投资者很难准确地分析期货投资盈亏走势，稍有不慎就会面临投资损失的风险。因此，对期货市场进行准确分析是一项富有挑战性的工作。近年来，国际期货市场日益开放并走向自由化，加上我国逐步放开期货市场，投资者拥有了更多的投资工具，得到了更多的投资机会，国际上人员、商务、资金往来密切使得期货领域的互动性愈来愈强，与之相伴的是不确定性所带来的风险也愈发凸显。通过回顾现有的研究成果发现，关联性较高的期货市场常会存在波动递传效应，影响本国期货市场波动的因素不仅有基本面、技术面，还有非本国的期货市场的总体表现带来的间接影响。投资者必须认识到全球期货市场间的关联性与其背后所隐含的风险。尽管国内学者也在做期货市场方面的分析，但是进行套期保值在股指期货与现货投资组合中的应用研究是非常困难的。可以说，目前国内缺乏系统的套期保值在股指期货与现货投资组合中应用的研究规划，因此这方面的课题研究对于我国期货市场的稳健运行具有重要的理论和现实意义。

1.1.2 研究意义

开展这一课题研究的理论和现实意义主要可以归结为以下几个方面：

（1）有助于现有套期保值理论的完善和发展。本书紧紧围绕套期保值在股指期货与现货投资组合中的应用这一课题来进行研究，在对股指期货与现货投资收益率进行分析的基础上，建立不同的股指期货与现货投资组合套期保值模型，并结合具体的样本数据对影响股指期货与现货投资组合套期保值效果的风险因素进行分析，最终提出了政策性建议。本书的主要内容和研究结论是对现有套期保值理论的完善和发展，套期保值模型可以直接用于股指期货与现货的组合投资实践，丰富了期货和现货投资理论体系。

（2）为投资者规避或分散现货市场风险提供理论依据和实际操作参考。套期保值为我国投资者规避或分散现货市场风险提供了新的渠道，采用股指期货做套期保值，能够规避或分散现货市场中因价格波动带来的风险。因此，通过对套期保值在股指期货与现货投资组合中的应用这一课题的研究，充分运用有关股指期货与现货间的内在规律，建立灵活的投资组合，在现货市场投资时同步在期货市场进行相应的套期保值操作，可以规避或分散现货市场的风险，有效提高现货市场风险管理的水平，锁定预期收益。

（3）有助于推动我国期货市场健康发展。完善的期货市场交易规则、健全的期货市场运作机制，都是我国发展期货市场所必需的，也是我国市场经济发展程度的重要标志。通过对套期保值在股指期货与现货投资组合中的应用这一课题的研究，可以使投资者更深入地了解期货市场，促使更多的市场主体参与期货市场交易。一方面，众多的市场主体参与期货市场交易，市场信息传递更迅速、披露更全面，可以使得期货市场上的投资者更为理性地判断所投资的期货或现货品种的价格，不仅有利于现货市场价格的形成，而且有助于期货市场价格发现功能的实现。另一方面，众多的市场主体参与期货市场交易，可以使得套利投机者和套期保值者之间的比例趋于合理，改善我国期货市场上参与主体结构不合理的状况，推动我国期货市场健康发展。

1.2 国内外相关研究文献综述

依据本书的研究背景，首先对套期保值在股指期货与现货投资组合中的应用研究相关的国内外研究文献进行回顾，然后对国内外相关研究文献进行评述。

1.2.1 国外相关研究文献综述

Lien（2002）研究显示，在分析期货和现货收益率变动时，同时考虑数据中定性和定量的特征是比较恰当的。Lien首先以S&P500指数成分股对应的上市公司的财务报表中的信息作为实验对象，然后结合财务报表中定性和定量的信息，并套用相应的权重公式将财务数据进行分类，以预测短期的期货和现货收益走势，最后将实验结论与支持向量机和parameter-free hybrid clustering算法得出的结论进行比较，得出该方法的预测准确度优于其他方法的结论。

Shaikh A（2004）为了分析由类神经网络学习过程所产生的两种认知，以神经逻辑网络（neural logic network）为基础，通过S&P500指数成分股所对应的公司的各季的财务报表的数据来建立投资股指的收益率预测模型。Shaikh A认为，S&P500指数的投资者都会使用成分股所对应的公司的各季的财务报表中的数据来评估公司的营运状况，以此作为投资参考。研究结果表明，只有演化认知才能够提升预测准确度。

Huseyin Ince（2008）为了比较支持向量回归和多层感知器哪一种算法的短期预测效果更好，以纳斯达克10只成分股的日收盘价序列数据为实验对象，使用两个非参数数据驱动的模型：支持向量回归（support vector regression，SVR）和多层感知器（multi-layer perceptron，MLP），结合财务指标对纳斯达克10只成分股的日收盘价作短期预测。实验结果显示，在以平均平方差最小作为衡量标准的情况下，支持向量回归方法的短期预测效果优于多层感知器方法。

Chi-Jie Lu，Tian-Shyug Lee和Chih-Chou Chiu（2009）通过两阶段建模的方法，将支持向量回归算法和主成分分析法（ICA）结合起来对期货序列数据进行预测。结果证实，这种方法比单一的非过滤预测变量的支持向量回归和随机游走模型的预测效果好。

Agnolucci（2009）通过构建GARCH模型和隐含波动率模型，对WTI的原油期货波动率进行分析和预测。实证结果表明，在准确性方面，GARCH模型的表现确实比隐含波动率模型好，而且服从广义差分分布的GARCH模型的预测效果表现最好。

Kim（2010）以韩国股指（Korea stock price index，KOSPI）为例进行实验，利用遗传算法（genetic algorithm，GA）并结合类神经网络（artificial neural network，ANN）的权重来进行股指预测。实证结果显示，作者提出的方法优于倒传递类神经网络（back propagation neural network，BPNN）方法和由遗传算法（genetic algorithm）训练的类神经网络线性转换（linear transformation）方程式方法。仍以韩国股指为实验对象，Kim利用支持向量机（support vector machine，SVM）来预测股价指数，同时使用倒传递类神经网络（back propagation neural network，BPNN）和案例式推导（case-based reasoning，CBR）方法进行对比分析。实证结果显示，支持向量机的预测效果要优于倒传递类神经网络方法和案例式推导方法。

Hamid和Zakaria（2011）运用神经网络模型对伊朗原油期货收盘价进行预测，并与运用ARIMA模型进行预测得出的结果进行比较分析。实证结果表明，ARIMA模型预测得出的结果与实际值更吻合。

Tsai（2012）以台股期货（TAIEXF）日收盘价序列数据为实验对象，利用支持向量回归和自组织特征映射网（self-organizing feature map，SOFM）相结合的办法筛选出技术指标，对日收盘价作出预测。实验结果显示，该方法能有效提高价格预测的准确度，并能减少支持向量回归模型的训练时间。

Chang（2012）将技术指标输入一个通过随机连接神经元、增加隐藏层及改进其神经网络学习算法的改良式神经网络（evolving partially connected neural network，EPCNN），以此建立一个股指预测模型。研究结果表明，此EPCNN模型的表现优于倒传递类神经网络、TSK模糊系统和多元回归分析方法。

Wu，Myers和Guan（2015）构建了一种改进的隐含波动率模型——风险调整隐含波动率模型，据此预测玉米期货的已实现波动率。研究结果显示，风险调整隐含波动率模型具有无偏性和有效性，相比其他的模型具有更好的预测效果和更佳的预测能力。

Tao Xionga（2015）通过运用线性与非线性相结合的方法针对中国

期货市场上两个农产品期货品种，用向量误差修正模型（VECM）和多输出支持向量机（MSVM）相结合的方法预测农产品期货收盘价的区间值。实证结果表明，该方法可以捕捉到农产品期货收盘价中表现出来的线性和非线性模式，可以较好地替代VECM单一的预测模型，但是预测精度不高。

Lanouar Charfeddine（2016）提出一种经验策略，允许区分真实和虚假的长记忆行为，并将该策略应用于原油、取暖油、普通汽油和1、2、3、4个月到期的丙烷能源期货，有力地证明了能源期货价格波动存在长期依赖性。同时，在样本外预测和风险价值（VaR）方面，FIGARCH和FIEGARCH模型与Markov Switching GARCH模型相比，波动率具有长期依赖性这一结果得到了证实。此外，其提出的经验策略对不同的频率数据具有稳健性。

Fengping Tiana （2017）构建了一个随时间变化的HAR模型，该模型的优势是其中的预测因子和系数均可随时间的变化而变化，随后用此模型来预测中国期货市场的走势。预测结果表明，几乎在所有的情况下，具有时效稀疏性的HAR模型都可以在很大程度上提高预测性能。

Jacinta Chan Phooi M’ng（2018）采用可调整移动平均线（AMA’）的动态波动率指标检查2006—2013年的台股指数期货（TAIEXF）的盈利能力，以寻求高于阈值时买入，获得回报。使用在此样本内期间获得的信息，额外在2014—2015年样本外期间进一步测试，以验证AMA’的可行性。AMA’会根据当前的市场条件进行调整，以避免在区间交易中出现一些交易损失，尽可能获取更多的利润。结果表明，移动平均线交易规则能提高台股指数期货（TAIEXF）的盈利能力。

Maréchal Loïc（2021）探讨供应或需求的不确定性、到期时间、期限结构的斜率是否影响了商品期货5分钟收益的波动性。结果发现，支持“不确定性解决”和“存储理论”假设，而“成熟时间”假设被拒绝。同时，在稳健性检验环节，验证了包含其他经济变量之后的模型的样本内和样本外预测能力，也证实了所构建模型的有效性。

Lee Chang Min和Lee Hahn Shik（2012）利用小波分析从超前滞后关系、相关性和对冲比率方面考察了股票与期货市场之间的关系，发现两个市场之间的关系在很大程度上取决于时间尺度。一是股票与期货市场在长期上存在反馈关系，不过在短期内观察到的证据较少。二是两个市场之间的小波相关性在更长的时间尺度上增强。三是套期保值比率和套期保值策略的有效性随着投资期限的延长而增强。结果表明，股票和期货市场在长期内完全相关，并且紧密关联。

Annastiina Silvennoinen和Susan Thorp（2016）通过估计12种农产品和WTI原油的平滑过渡条件相关模型，检验受可再生燃料政策和波动的经济状况的影响，石油和农产品之间的相关性在过去几十年中发生的变化。实证结果显示，虽然相关性的结构性变化与生物燃料政策的引入同时发生，但石油和食品价格水平也是关键影响因素。当食品和石油价格水平较高时，生物燃料原料和石油之间的高度相关性更可能出现。与其他农业期货不同，生物燃料原料与石油收益的相关性很强，表明从能源到食品市场的传染有限。

Sukjun Lee，David Enke和Youngmin Kim（2017）根据外汇期货市场的数据特征，基于相关性和粗糙集分析，描述了基于相对价值（RV）交易系统的概念框架。实证结果表明，RV交易不仅是一种投资策略，而且无论外汇期货合约之间具有正相关还是负相关，都可以根据期货合约的RV产生潜在利润。此外，在外汇期货市场开发稳定且盈利的RV交易系统时，必须考虑外汇间的相关程度。

Jian，Wei和Junseok（2020）采用多重分形去趋势互相关分析（MF-DCCA）方法，探讨了新冠肺炎疫情对布伦特原油与伦敦糖、伦敦小麦、美棉2号和美国橙汁等农产品期货之间的交叉相关性的影响。实证结果表明，新冠肺炎疫情对原油和大多数选定的农产品期货市场之间的多重分形互相关有很大的影响。其中，原油期货市场与糖期货市场的多重分形特征的交叉相关性最强。此外，除了美国橙汁期货市场之外，所有农产品期货的交叉相关性都随着新冠肺炎疫情的出现而增强。

De la Torre Torres Oscar V，Venegas Martínez Francisco和Martínez Torre Enciso M' Isabel（2021）构建了具有广义自回归条件异方差（GARCH）的马尔可夫转换（MS）模型。这样做是为了预测S&P500中出现高波动性的概率，提升投资于S&P500股价指数、3个月期美国国

库券（T-BILL）或1个月期波动率指数（VIX）期货的美元投资组合的表现，并确定每种资产的投资水平。为了测试所构建模型的有效性，他们在2005年12月23日至2020年8月14日期间每周模拟8个投资于这三种资产的投资组合。实证结果表明，使用构建的MS和MS-GARCH模型进行投资组合模拟，实现了预期目标。

Ederington（1979）在最小异方差的假定下，利用现货价差对期货价差的OLS模型来估算套期保值比率，同时又以投资组合套期保值方法来估算套期保值比率。研究目标为8%的GNMA、90天的T-Bill、小麦及玉米的现货与期货。套保时间区间分为2周与4周。实证结果显示：（1）投资组合套期保值方法的套保效果优于传统的套期保值方法的套保效果。（2）当套期保值期间为2周时，不管用哪种方法估计套期保值比率，GNMA的套期保值效果均比T-Bill的套期保值效果好。（3）套期保值时间区间与套期保值效果呈现正向关系。

Cecchetti（1988）假定套期保值目标为风险最小化及预期效用最大化，以现货及期货价格变动的动态联合分配来估计最佳期货套期保值比率。首先，建构考虑风险与收益的二维组合边界，并估计收益率的联合分配。其次，寻求最优化，即最大化投资者预期效用的套期保值比率，研究对象为20年期国库债券（Treasury bond）现货与期货。最后，运用双变量三阶ARCH模型来估计现货收益变异过程与期货收益变异过程的参数。研究结果发现：（1）由于数据具有ARCH效应，因此套期保值比率每一期均发生变动。（2）最佳套期保值效果为投资者风险及收益的主观边际替代率等于其套期保值头寸内的边际转换率。（3）估计现货头寸与期货头寸间的统计关系应考虑动态现象，以寻求优化。（4）预期效用最大化的套期保值比率优于风险最小化的套期保值比率。

Baillie和Myers（1991）认为使用OLS估计套期保值比率时会产生两个问题：一是忽略了套期保值者每期会利用当时所能获得的最新信息进行套期保值；二是假设期货与现货价格间的异方差矩阵固定。因此，以牛肉、咖啡、玉米、棉花、黄金及黄豆等商品的现货及期货价格为研究对象，并将结果同时用GARCH模型估算最佳套期保值比率（OHR），来比较GARCH模型及OLS模型的套期保值效果。实证结果表明：

（1）GARCH模型估算的OHR具有时间变动性，与OLS模型的固定套期保值比率不一致，说明不随时间改变的OHR假设是不适当的。（2）就投资组合收益变动的套期保值效果而言，不论是样本内还是样本外的结果都显示，GARCH模型的套期保值表现优于运用回归方法估计的固定套期保值比率模型，但与其他模型的套期保值效果差距甚小。

Kroner和Sultan（1993）在假定风险最小化的目标下，使用ECM与GARCH误差结构来估算套期保值比率。同时，比较天真套保模型、传统OLS模型、OLS共整合模型（OLS-CI）及双变量GARCH模型的套期保值效果；研究对象为英镑、加拿大元、德国马克、日元及瑞士法郎五种外汇的期货与现货；数据形态为周数据（做实证分析时，数据以自然对数的方式进行处理）。实证结果表明：（1）现货价格与期货价格有长期共整合的现象，现货与期货的收益也有条件异质变异的现象。（2）无论是样本内预测还是样本外预测，在异方差或效用的比较基础下，均以ECM的套期保值效果为佳。（3）即使考虑了交易成本，双变量GARCH模型仍能改善传统的套期保值策略效果，增强投资者对外汇头寸的套期保值管理能力。

Lien和Tse（2002）考虑了期货价格与现货价格序列有异质性现象，使用Bivariate Asymmetric Power ARCH（BI-APARCH）模型来估计条件联合分配，并评估GSV与MV套期保值策略，让套期保值比率随时间的推移而变动，而在GSV策略中，利用不同的风险忍受度及目标收益的各种组合，显示套期保值比率的变动。实证结果发现，当目标收益率大于1%且风险忍受度大于1时，GSV套期保值比率的波动与MV相当；当目标收益率小于1%时，GSV套期保值比率的波动比MV大。

Chen，Lee和Shrestha（2004）以S&P500指数现货与期货的月数据为实验对象，对Mean-GSV（M-GSV）、GSV、MV这三种方法算出的套期保值比率进行对比分析。实证结果表明，当风险趋避程度较低时，M-GSV的套期保值比率会低于GSV的套期保值比率；当风险趋避程度较高时，M-GSV的套期保值比率会趋近于一个比MV的套期保值比率还高的数值。

Ghosh（2010）为了探讨传统价格变动模型与误差修正模型的套期

保值效果，并比较二者在预测效果上的优劣，运用S&P500 index futures分别对S&P500 index、DowJones Industrial Average及NYSE composite index进行套期保值。实证结果显示，ECM模型能有效兼顾序列数据间短期动态与长期均衡的关系。因此，其套期保值效果优于传统OLS的套期保值效果。

Park和Switzer（2010）在风险最小化的目标下，样本取自S&P500与Toronto35（TSE35）两种股指现货与期货，数据类型为周数据，进行最佳套期保值比率的估算，并分别用简单套期保值模型、传统OLS模型、OLS共整合模型与BI-GARCH模型的样本外结果相比较，同时考虑加入交易成本后的影响。实证结果表明：（1）BI-GARCH模型的套期保值效果比其他模型佳。（2）考虑交易成本之后，BI-GARCH模型的套期保值效果仍较好，表明在加入交易成本的情况下，BI-GARCH仍是良好的套期保值模型。（3）无论是哪一种股指，BI-GARCH模型的套期保值效果都优于简单套期保值模型、传统OLS模型、OLS共整合模型的套期保值效果。

Holmes（2010）在风险最小化目标下，利用传统OLS、ECM及GARCH三种模型来估算套期保值比率，样本取自FTSE-100股指期货，数据类型为周数据，并且研究了套期保值期间与到期日效应对套期保值效果的冲击，探讨套期保值比率的稳定性。实证结果表明：（1）传统OLS模型的套期保值效果比其他模型效果好。（2）套期保值比率有到期日效应且具有稳定性。（3）套期保值效果随着套期保值期间的拉长而增加。

Junkus和Lee（2010）研究目标契约样本为Value Line、S&P500及NYSE的三种股指期货，数据选取采用收益率的形式，套期保值期间为1个月，针对利润最大化、消除风险、风险最小化与效用最大化四种套期保值目标进行实证分析，分别决定其套期保值比率，并探讨距期货合约到期日期间长短对套期保值效果的影响。实证结果表明：（1）传统套期保值策略有过度套保的现象，会发生套保风险大于未套保风险的情况。（2）套期保值者是否具备能正确预期现货价格、期货价格与基差变动的能力，是套期保值策略成功与否的关键。而一般套期保值者均未能具备此能力，因此可采用利润最大化原则作为套期保值效果的决策依据，以免除不必要的预测风险。(3) 依据不同的套期保值策略的假设前提推导出的套期保值比率，其所属的套期保值效果均是最佳的。(4) 距期货合约到期日的远近对最优套期保值比率的大小存在一致性的效果，只有在决定套期保值头寸的大小时，才需考虑距期货合约到期日的远近。

Jonathan Dark（2015）构建了MS-VECM-FIAPARCH模型和MS-VECM-FIEGARCH模型，这两个模型中均加入了表征非对称性和长记忆性的变量，用来进行套保比率的计算。实证结果显示，MS-VECM-FIAPARCH模型在套保效果上表现更优。Hsu，Tseng和Wang（2008）通过构建Copula-GARCH模型进行套期保值比率的计算，实证结果表明，基于Copula-GARCH模型的套期保值效果要好于其他GARCH模型。

Fan和Li（2016）假定在异方差最小化的目标下，使用M-G方法及M-V方法分析期货的套期保值效果。研究对象为瑞士法郎、加拿大元、英镑、德国马克、日元现货与期货。实证结果显示：(1) 若以异方差为衡量套期保值效果的唯一考虑因素，将会导致错误的结论，原因可能是未考虑期望收益这一重要信息。(2) 虽不否定M-V方法的有效性，但在理论上，M-G方法确实优于M-V方法，因为其不需对收益分配或投资者的效用函数有任何假设条件存在。

S.Srinivasan和M.Babu（2017）认为风险是所有投资的一部分，投资者需要使用一种机制来帮助他们将投资风险降至最低。期货合约可以被用作有效管理投资风险的工具。因此，他们首先研究了印度商品市场的定价行为，接着评估了在Multi Commodity Exchange India Limited交易的选定样本商品期货合约的对冲有效性。研究结果表明，商品的未来价格决定了大多数样本商品的现货价格。其中，与其他样本商品相比，天然气期货合约显示了更好的套期保值效果。

Gurmeet（2017）为了给印度相关投资者和交易员提供合适的套期保值策略，在Ederington提出的最小方差套期保值比框架下，针对印度国家证券交易所（NSE）在2011年1月至2015年12月期间的三个主要期货和现货市场指标NIFTY、Bank NIFTY、IT NIFTY，分别建立OLS、

GARCH、EGARCH、TARCH、VAR和VECM六种计量经济模型，并计算相应的期货与现货组合套期保值比率。实证结果与印度期货和现货市场的实际情况基本相符。具体来说，对于NIFTY和Bank NIFTY，与其他模型计算的套期保值比率进行对比分析，用EGARCH模型计算得到的套期保值比率更佳，而对于IT NIFTY，用OLS模型计算得到的套期保值比率更佳。

1.2.2 国内相关研究文献综述

陈晓杰（2014）在考虑实际市场中高频动态信息的基础上提出了高频动态估值模型，相比传统的持有成本估值模型，采用该模型有利于投资者在瞬息万变的股指期货市场中对股指期货价格进行更为精确的预测。通过对以沪深300股指期货连续合约为例的5分钟高频动态估值实证分析，发现高频动态估值模型的平均估值精确度能够达到99.92%，是持有成本估值模型精确度的14.2倍，且估值误差波动率有望降低至持有成本估值模型的8.93%。

李刚（2015）分析了非线性、长期记忆性等多种GARCH模型在不同分布假设下对碳期货波动率的预测效度。针对样本内数据，研究结果表明，GARCH模型能有效刻画碳期货收益率的条件异方差性，且在t分布条件下拟合更好。外部冲击对碳期货收益率波动的影响具有持续性和非对称性；针对样本内数据，研究结果表明，正态分布下的NAGARCH模型在预测碳期货收益率波动时是最优的。

郑振龙（2015）以沪深300股指期货为研究对象，使用ETF与股指期货构造套利组合，并通过无套利定价原理得到期货理论价格区间后，结合股指期货实际价格定价相对位置指数，使用基本回归模型检验这一指数对股指期货基差和收益率的预测能力。实证结果表明，期货实际价格在理论区间内相对位置的变动可以由投资者情绪解释一部分，定价相对位置具有对股指期货基差良好的预测能力，但对其收益率的预测能力不佳。

刘向丽（2015）针对低频期货数据的预测在时间上具有长期性，依赖于宏观经济环境不能形成短期内的准确预测，而高频期货数据具有非线性、非平稳性等特征，传统的ARIMA模型无法得到令人信服的预测结论的特点，提出了小波多分辨率分析的预测方法，将收益率数据分为高频与低频，然后进行重构，对重构后的数据再分别建立ARIMA模型。实证研究显示，小波多分辨率分析能很好地滤出日内效应，由于股指期货独特的市场特征，分解重构模型可以提高数据的预测精度。

高丽（2016）针对大豆期货合约，首先从大豆现货市场供给和需求等基本面角度进行分析；其次，运用Granger因果检验法筛选出对大豆期货市场价格产生影响的因素，主要包括目前的大豆现货市场价格波动、大豆期货市场价格波动以及原油价格波动；最后，运用这些因素构建Logistic预测模型。实证结果表明，该模型的预测结果具有一定的可靠性。

张震（2017）通过分析股指期货的数据频率对套利的绩效影响，提出了动态预测区间的择时交易机制，并在实证检验中分别运用OLS恒定波动策略、GARCH时变波动策略与之比较。研究结果显示，在样本区间内外，动态预测区间模型的各项指标均是最好的。在确保交易过程中发出的信号始终处于有效状态的假设下，随着使用的数据频率趋向高频，可套利次数增多，同时持有期的收益率升高，说明采用高频数据套利能带来绝对收益的增加。

张佳宁（2018）研究了我国商品期货市场中投资者的交易信息对未来商品期货收益的预测能力，并比较了投机类和套期保值类投资者的预测能力。结果表明，投资者的交易信息可以预测未来商品期货收益，且投机类投资者的交易信息更接近公共信息，可以较快预测未来商品期货收益；套保类投资者的交易信息则更接近私有信息，对未来商品期货收益的预测反应较为缓慢。

尹力博（2018）针对三种商品期货建立多种价格预测模型，比较其预测能力，并验证简单模型的预测能力在三种不同商品期货上的预测效果是否表现得比复杂模型更好。为避免使用的数据周期有偏差，研究使用日数据与周数据同时进行分析与比较，并验证是否会因为使用不同的数据周期而间接影响模型的预测能力。实证结果发现，无论是使用日数据还是周数据，非线性模型的预测误差都会超过5%。因此，可以看出有时简单模型的预测能力比复杂模型的预测能力更佳。

龚旭（2018）通过原油期货探讨实现变幅、隐含波动性与实现变异的关系，发现实现变幅与隐含波动性对实现变异具有良好的解释能力，因此实现变幅与隐含波动性也可以作为波动性的代理变量。研究结果显示，在样本预测方面，CARR（conditional auto-regressive range）模型在样本外的预测能力比GARCH模型的预测能力强。另外，将杠杆效应与隐含波动性等元素加入模型中后，短期而言，确实可以提高模型在样本外的预测能力，但长期来讲未必可以提高模型在样本外的预测能力。

张煌（2019）针对股指期货存在数据量大、数据噪声较多的特征，首先对选取的数据采用小波去噪的方法进行清洗，接着利用神经网络模型进行训练预测。实证结果发现，该方法可以有效减少神经网络模型的误差。最后，选取2012年7月24日至2018年10月12日期间共1 528个交易日的沪深300股指期货相关数据作为神经网络模型的输入数据，通过不断地修改参数减小误差，再对趋势进行预测。实证结果发现，与Elman神经网络模型相比，BP神经网络模型对于股指期货数据的分析预测具有优越性，与实际值相比，预测值准确率能够达到98.9%。

陈粘（2019）为了检验Brent原油期货市场是否存在结构断点，引入了隐马尔科夫模型（HMM）对Brent原油期货市场进行波动状态预测。实证结果显示，Brent原油期货市场中存在波动结构突变点。隐马尔科夫模型（HMM）测度下的波动状态中存在伪结构突变点，而ICSS-HMM-EGARCH模型能够修正波动状态中的伪结构突变点。基于修正后的波动状态，ICSS-HMM-EGARCH模型能够对Brent原油期货市场的波动率进行更准确的预测，因此，ICSS-HMM-EGARCH模型能够更准确地预测Brent原油期货市场是否存在结构突变点。

唐志武和居阔（2020）探究了在中国监管层对股指期货政策调整背景下的沪深300股指期货和富时中国A50指数期货价格走势。研究结果显示，当股指期货政策收紧后，富时中国A50指数期货收益率对沪深300股指期货收益率的预测作用大幅增强；当股指期货政策放松后，富时中国A50指数期货收益率对沪深300股指期货收益率的预测作用小幅减弱；当股指期货政策恢复正常后，富时中国A50指数期货收益率对沪深300股指期货收益率的预测作用小幅增强。在三个阶段股指期货政策变动后，沪深300股指期货收益率的波动性受前一日随机扰动项的影响均有下降趋势。

余星、王玉霞和王鑫鑫（2021）基于不同风险测度得到的期货套期保值策略不同，利用套期保值效率可以对比分析不同风险测度下的套期保值效果。然而，当考虑套保成本时，套保效率高的套保策略不一定是“最优”的。为兼顾套保效率和套保成本，他们引入经济价值进一步对比不同套保策略的效用，提出期货套期保值二次决策准则。首先，构建方差、VaR和CVaR等风险测度下的期货套期保值模型，给出最优套保头寸和套保效率的显式表达式，提出模型驱动下的最优套保策略决策准则；其次，考虑套保成本，基于经济价值提出不同套保策略的二次决策准则；最后，针对Brent原油期货套期保值进行实证分析，实证研究结果与理论研究相吻合。基于一次准则的最优套保策略的经济价值并不恒大于零，即当考虑套保成本时，基于套保效率最高的套保策略可能使投资者得不偿失，这也进一步体现了其所构建的套保二次决策准则的有效性。

谢源、郑传芳和陈如凯（2012）分别运用协整分析、ECM和Granger因果检验，对我国郑州和英国伦敦商品交易所的白糖期货价格进行计量分析。实证结果表明，郑州和伦敦白糖期货价格之间存在较强的相关性，而且从短期来看，伦敦白糖期货价格是郑州白糖期货价格的Granger原因。

金春雨、王薇和刘洋（2016）运用连续小波变换（CWT）方法中的小波能量谱对美国大豆期货和我国大豆期货及现货价格序列波动性进行分析，同时，运用小波相位差和小波相干性对2011年9月至2016年5月期间美国和我国的大豆期货市场与现货市场之间的联动性进行实证检验。实证结果显示，美国大豆期货价格与我国现货价格的相关性及我国大豆期货价格与现货价格的相关性均随时间的延长而增强，而且相关区间也随之扩大。(1）从中短期来看，我国大豆期货价格能够引导现货价格；从长期来看，大豆现货价格往往超前于期货价格而变动。(2）从中短期来看，美国大豆期货价格能够引导我国大豆现货价格变动；从长期来看，中美大豆期货和现货价格趋于均衡。

王苏生（2018）选取沪深300股指期货10个交易日每秒两笔的日内高频数据作为研究对象，研究了高频日内收益率分布特征，发现日内高频数据有波动性聚集现象，但其分布并没有尖峰后尾现象。同时，运用EACF方法确定了各样本ARMA模型的阶数，并通过最小二乘法估计了各模型的系数。在此基础上，利用已经估计的ARMA模型对收益率作出了预测。实证结果表明，ARMA模型能够很好地消除股指期货日内收益率的相关性，即能够刻画股指期货日内收益率的动态变化过程。

张劲帆等（2019）分别采用向量自回归（VAR）模型、信息份额模型来研究利率互换、国债期货及现货这三个市场之间的价格关联机制。向量自回归模型Granger检验结果显示，在价格发现中，国债期货单向引导国债现货，利率互换单向引导国债期货和国债现货。信息份额模型实证结果显示，整体来看，国债期货相对于国债现货更具有信息优势，利率互换相对于国债期货和现货更具有信息优势。两种模型的实证结果均显示，利率互换和国债期货在引导我国利率市场价格发现中发挥着重要作用。

王玉玲和向云霜（2020）选用国际黄金期货、国内黄金期货及现货这三类指标2008年1月至2019年11月期间的日收盘价数据，来分析连续交易制度实施前后国际黄金期货、国内黄金期货及现货这三类指标相关性的变动情况，以及连续交易制度对国内黄金期货及现货市场的影响情况。实证结果显示，连续交易制度的推出，增强了国内黄金期货和现货市场的稳定性。

赵华、王一鸣和王汨泉（2013）针对由于各种影响因素的存在，导致我国商品期货与现货市场的关系出现高低波动状态发生变化，进而对商品期货套期保值产生重要影响这一特征，将马尔可夫状态转换方法引入我国商品期货套期保值研究中来，分析状态转换下的商品期货套期保值，接着进行套期保值绩效分析。实证结果显示，在单一状态的商品期货套期保值中，MGARCH模型的套期保值绩效优于VECM的套期保值绩效，VECM的套期保值绩效又优于VAR的套期保值绩效，而且，以上模型的套期保值绩效均优于OLS模型的套期保值绩效。

王继莹（2014）选取对指数拟合程度高且可交易的沪深300ETF为现货样本数据和沪深300股指期货真实交易数据作为实验对象，研究股指期货对现货的套期保值效果。采用OLS、ECM、GARCH、Q-GARCH、TFRAMA模型来估算套期保值比率，取数据的日收益率作为投入变量，并运用不同的方式来衡量套期保值效果。实证结果显示，无论在何种情况之下，随着套期保值时间的延长，套期保值比率有递减的趋势。

赵蕾（2015）考虑了股指现货收盘价上下波动的情况，首先用阿基米德Copula函数的上尾及下尾相关系数的平均数作为相关系数，采用GARCH-M模型预测铝期货收益率与现货收益率的标准差，然后结合最小方差套期保值比率来计算套期保值比率，最后对Copula-GARCH-M模型与Copula模型的套期保值效果进行比较分析。实证结果显示，Copula-GARCH-M模型的套期保值效果较优。

张跃军（2015）为了检验中国燃料油市场价格风险，对2009—2012年中国上海市燃料油期货进行套期保值策略分析。通过利用Copula函数的秩相关系数代替皮尔逊线性相关系数，同时用GED-GARCH模型求出燃料油现货和期货收益率的动态标准差，最后建立了动态的最小方差套期保值模型。实证结果显示，与传统线性最小方差套期保值模型相比，动态套期保值模型提高了中国燃料油期货市场的套期保值有效性。在样本区间内，动态模型的套期保值有效性比传统模型的有效性提高了32.1个百分点。

孙燕红（2015）为了充分揭示金融收益率尖峰厚尾和波动聚集的特征，以VaR最小化为目标，使用沪深300股指期货的日结算数据，结合波动率预测，建立了套期保值模型。实证结果显示，在现货与期货高相关性的条件下，VaR最小化套期保值较最小方差套期保值能进一步降低组合样本外收益率的VaR值，EWMA与Cornish-Fisher相结合的方法能取得较佳的VaR最小化套期保值效果。

瞿慧（2016）利用沪深300股指期货与沪深300指数及其成分股的5分钟高频数据，首先识别现货跳跃、期货跳跃、期货-现货联跳以及成分股联跳，其次用Hawkes过程估计相应跳跃强度与联跳强度，接着在基本的向量异质自回归（Vec HAR）模型基础上提出了引入跳跃强度与联跳强度的Vec HAR-RVRCOV-CJ-JICI模型，来应对资产收益的跳跃以及联跳行为给套期保值策略带来的挑战。实证结果显示，根据新模型构建的动态套期保值策略，相较于根据二元GARCH模型以及根据不考虑跳跃强度和联跳强度的Vec HAR-RVRCOV-CJ-JICI模型构建的动态套期保值策略，具有更优的样本外套期保值效果。因此，引入跳跃强度和联跳强度可以有效提高对沪深300股指期货的动态套保绩效。

杨洁（2017）采用2014年11月至2015年10月这一时段的数据，通过CCC-BGARCH模型对沪深300股指期货的动态策略保值效果进行了评估，同时也与传统的OLS和VECM模型静态保值效果进行了对比分析。实证结果显示，CCC-BGARCH模型与传统的OLS和VECM模型都能较好地刻画数据。但现货市场中的波动只能由负向滞后的冲击所解释，即现货市场中的波动率仅对坏消息有反应，股指期货的冲击只能影响条件波动率。非对称的负向冲击存在于期货市场中，并且滞后的负向冲击对市场造成的波动影响更大。总体来说，在套期保值效果上，动态和静态套期保值模型各有优劣。

徐荣和李星野（2017）以我国铜期货和现货市场的日结算价数据为例，在投资组合收益率方差最小化假定下，分别建立了OLS、ECM、VECM、B-VAR四种静态套期保值模型。同时，针对实证数据存在尖峰厚尾和波动集聚的特征，建立了EWMA动态套期保值模型，据此进行静态套期保值模型和动态套期保值模型的套期保值效果的对比分析。实证结果显示，在建立的静态套期保值模型和动态套期保值模型中，EWMA动态套期保值模型的套期保值效果最佳。

刘爽（2019）以五年期国债期货为例，首先选取其主力合约的每日收盘价和1—3年、3—5年、5—7年、7—10年、10年期以上国债全价指数的每日收盘价作为价格时间序列，接着构建OLS模型和Copula-GARCH模型分别估算五年期国债期货指数与1—3年、3—5年、5—7年、7—10年、10年以上国债全价指数的套期保值比率。实证结果显示，两种模型估算的结果相近，随着国债现货期限的延长需要提高套期保值比率。同时，从套期保值效果上看，五年期国债期货最适合于5—7

年和7—10年国债现货套期保值。

侯为波（2019）在最小方差假设条件下，利用中国铜期货和铝期货数据，构建OLS模型和双变量自回归（BI-VAR）模型，研究两种期货的套保比率及持有期效应，并对其进行检验。实证结果显示，BI-VAR模型计算的套期保值比率优于OLS模型，在同一模型下铝期货的套期保值效果比铜期货好，且铜期货和铝期货都不具有持有期效应。但当研究期限为6周时，铜的最佳持有期是5周，铝的最佳持有期是4周。

任仙玲和邓磊（2020）首先运用skew-t-GARCH（1，1）模型来检验我国原油期货和现货的收益率是否存在波动集聚等特征，然后分别建立线性、Normal Copula和T-Copula分位数回归套期保值模型来研究在不同原油市场情况下的我国原油期货套期保值比率及效果，并同时对美国WTI和英国Brent的原油期货套期保值效果进行了对比研究。实证结果表明：（1）需要根据具体国情、具体行情，合理选用套期保值模型。（2）T-Copula分位数回归模型的套期保值效果更佳。（3）在不同市场情况（牛市和熊市）下，我国原油期货的套期保值比率呈现非对称性特征。

1.2.3 文献评述

通过对国内外套期保值在期货与现货投资组合中的应用相关文献进行回顾与梳理，我们发现国内外学者贡献出了很多有价值的成果，提出了很多真知灼见。因此，相关文献得出的结论对本书的下一步写作有很好的启发与指导意义。但是，我们通过对国内外相关文献进行归纳整理，也发现了需要对现有文献作进一步拓展的地方：一是虽然关于套期保值的研究成果较多，但其中大部分的研究对象是商品期货，由于国内股指期货出现较晚，系统研究国内股指期货套期保值的文献较少。二是套期保值的落脚点是套期保值比率的计算，为了计算套期保值比率需要分析数据间的相关性，而从套期保值的角度研究数据间具有何种类型相关性的文献较少，并且其关注点主要放在线性相关层面。三是现有套期保值研究成果在计算出套期保值比率后较少进行后续研究，尤其体现在影响套期保值效果的风险因素层面。因此，基于以上几点拙见，本书后续章节将从套期保值在股指期货与现货投资组合中的应用这一角度展开相关研究。

1.3 研究思路和研究内容

1.3.1 研究思路

首先，结合研究背景，并在国内外相关研究的基础上，通过技术指标的筛选构建多种股指期货与现货收益率预测模型。其次，结合具体的样本数据，对两种收益率之间的相关性进行分析。最后，探求不同参数条件下的最优套期保值比率算法模型，同时对影响股指期货与现货投资组合套期保值效果的风险因素进行分析。期待通过对套期保值在股指期货与现货投资组合中的应用研究，为我国期货市场上的投资者进行股指期货套期保值操作提供相应的套期保值比率算法模型作为参考。

1.3.2 研究内容

根据研究思路，本书共分为七部分，研究内容的结构安排如下：

第1部分：绪论。首先，交代本书的研究背景和研究意义，接着依据研究背景对套期保值在股指期货与现货投资组合中的应用相关的国内外文献进行回顾，并予以评述。其次，对本书的研究思路和研究内容进行概述。最后，列出本书的研究方法和创新之处。

第2部分：理论基础。为了便于后续章节模型建立及实证分析，对相关的基础理论进行阐述。

第3部分：股指期货与现货收益率预测的实证分析。首先，根据具体的研究对象，构建针对股指期货与现货收益率预测的ARIMA、BPNN、SVR模型。其次，对研究的样本数据进行整理，接着，通过构建的各种收益率预测模型对股指期货与现货收益率进行预测，并进行实证分析。最后，运用评价模型预测效果的三种准则对股指期货与现货收益率预测效果进行对比评价。

第4部分：股指期货与现货收益率相关性分析。首先，在单位根检验的基础上，构建跟股指期货与现货收益率相对应的VAR模型。其次，针对股指期货与现货收益率之间可能出现的尾部相关、非对称、非线性等现象，构建跟股指期货与现货收益率相对应的二元Copula函数模型。最后，通过构建的模型对两种收益率之间的相关性作进一步的实证分析。

第5部分：股指期货套期保值比率算法模型选取及实证检验。从对股指期货与现货收益率的相关性实证分析中，可以发现两种收益率之间存在很强的相关性，这就给套期保值操作提供了可能。首先，构建多种股指期货套期保值比率算法模型。其次，结合具体的样本数据类型，在股指期货与现货投资组合方差最小化目标的假设下，运用构建的多种股指期货套期保值模型进行相应的套期保值比率计算。最后，运用评价套期保值效果的两类指标对不同套期保值模型进行对比分析。

第6部分：影响股指期货套期保值效果的风险因素分析。通过股指期货与现货投资组合套期保值模型的推导可知，套期保值比率和股指期货与现货收益率的协方差成正比，同期货收益率的方差成反比。因此，只要是影响股指期货收益率方差变动的风险因素，都会影响套期保值比率，进而影响股指期货与现货投资组合的套期保值效果。首先，依据ARCH、GARCH、TARCH和EGARCH这四种模型的条件方差方程提出影响股指期货与现货投资组合套期保值效果的几种风险因素；其次，运用具体的样本数据通过建立的ARCH族模型对风险因素进行验证；最后，对提出的风险因素作进一步的稳健性检验。

第7部分：总结与展望。首先，对本书的主要研究结论进行归纳；其次，结合本书的主要内容和研究结论提出政策性建议；最后，针对本课题在研究过程中存在的不足之处，为开展深入研究提出展望。

1.4 研究方法和创新之处

1.4.1 研究方法

结合研究思路和研究内容，本书采用的研究方法如下：

（1）文献回顾与梳理相结合。为了弄清目前套期保值在股指期货与现货投资组合中的应用现状，依据本课题的研究背景，我们对国内外相关文献进行回顾与梳理，在肯定国内外学者所作出的贡献并提出了很多真知灼见的同时，也发现了需要对现有文献作进一步拓展的地方，并以此为基点来确立本课题的研究起点。本课题的参考文献主要来源于万方数据知识服务平台、维普、CNKI等中文资料库和外文资料库以及相关著作、网络电子出版物等文献，并从中国金融期货交易所等官方网站上获取相关信息资源。

（2）理论分析与实证分析相结合。理论分析与实证分析都是解决经济领域问题比较常用的方法。对经济事件或经验总结作出解释，需要运用一系列的分析工具，诸如个量分析与总量分析、均衡分析与非均衡分析、静态分析与动态分析、定性分析与定量分析、逻辑演绎与经验总结等。首先，我们根据套期保值在股指期货与现货投资组合中的应用研究的需要，通过对技术指标的筛选构建与该课题研究相对应的理论模型。其次，在此基础上代入数据进行实证分析。最后，得出结论，并展开详细的论述。

（3）对比分析与归纳相结合。对比分析与归纳的重点在于找出同类现象或事物，按照比较的目的将同类现象或事物编组作表，根据比较结果作进一步分析。本书首先通过技术指标的筛选，构建多种股指期货与现货收益率预测模型，并结合具体的样本数据进行实证对比分析，探求不同参数条件下的股指期货与现货收益率预测模型，对股指期货与现货收益率进行预测。其次对两种收益率间的相关性进行分析。最后在对两种收益率相关性进行分析的基础上，构建不同的套期保值比率算法模型进行股指期货套期保值比率算法研究，并结合具体的样本数据，对不同的股指期货套期保值比率算法模型的输出结果进行对比分析，寻找不同参数条件下的最优套期保值比率算法模型。对比分析与归纳相结合的恰当运用，成为本书研究的难点与关键。

1.4.2 创新之处

通过与现有文献相比较，本书的创新之处主要体现在以下几个方面：

（1）从现有文献看，从套期保值的角度研究数据之间具有何种类型相关性的文献较少，并且这些文献主要关注的是线性相关层面，而本书是从股指期货与现货收益率之间是否存在单向引导或双向引导的关系着眼，同时把股指期货与现货收益率之间是否存在非对称性、尾部相关性也考虑进来进行股指期货与现货收益率间的相关性分析的，拓展了研究领域。

（2）从现有文献看，为了方便问题的研究，大多是在随机干扰项服从同方差的假定下建立套期保值模型进行分析的，但是现实中股指期货与现货收益率数据大多都存在着波动集聚性现象（即随机干扰项存在异方差），本书则在对股指期货与现货收益率之间相关性分析的基础上，将建立的VAR模型作为股指期货与现货收益率之间双变量GARCH模型的均值方程，建立VAR-GARCH套期保值模型，扩充了套期保值模型在股指期货与现货投资组合中的实证应用。

（3）从现有套期保值文献看，计算出套期保值比率后基本没有后续研究，尤其体现在影响套期保值效果的风险因素层面，而本书从理论分析的角度入手，提出影响股指期货与现货投资组合套期保值效果的风险因素，分别运用具体的股指期货与现货收益率样本数据通过建立的ARCH族模型对风险因素进行验证及稳健性检验，最后得出实证结论。这将有助于为投资者进行套期保值操作提供相应的套保风险预警，以及为监管部门制定有效的监管措施提供参考。

2 理论基础

为了对后续章节模型建立及实证分析提供支撑，本章将对相关的基础理论进行阐述。

2.1 相关理论阐述

1.股指期货的概念

股指期货交易目标不是实体商品、外汇或可转让的存款工具，而是一种可以衡量的指数概念，也是一种有法律约束力的合约，签约双方在法律上都有履行合约的义务，并在未来的某特定日期，依据约定的指数水平进行股价指数的买卖。因此，股指期货是基于股指的期货合约，合约交易的标的物为股价指数，而非个别股票。股价指数是指由多种股票的价格依照某种计算公式计算出来的能反映股票价格的指数。股价指数会随着成分股、计算方式及基期的设定而存在差别。

市场上有些股票的价格波动很大，非常适合做期货的标的物，但是股票的数量众多，期货交易所不太可能为每一只股票设计单独的期货合约，因此便出现了股指期货。股指期货的价格是由该指数乘以合约单位金额得到的，在交割股指期货合约时，采用现金交割的方式。合约卖方在交割日不必为了交割合约而在现货市场买进数十种股票，合约买方也不必为了将交割后的股票在现货市场上卖出，故现金交割是相当方便的交割方式。

一直以来，世界各地或多或少都存在着实体商品的远期价格合约，直到1848年芝加哥期货交易所（CBOT）就少数特定商品规范给出远期定价。正式的期货合约出现于1865年，主要以农产品及其他实体（Physical）为主。1972年国际货币市场（International Money Market）开始出现外汇期货交易；IMM于1976年开始交易国库券（Treasury Bill）期货；1977年CBOT引进财政部公债（Treasury Bond）期货。随着各国的期货交易所陆续开展利率期货合约的交易，金融期货进入快速发展的阶段。堪萨斯期货交易所（KCBT）于1982年2月推出堪萨斯价值线指数期货（KCVLIF），成为全球第一个指数期货合约，同年4月，芝加哥商业交易所（CME）开始交易S&P500期货合约，NYFE则在5月开始交易NYSE综合股指期货。随后，各国的期货交易所陆续推出各式各样的股指期货合约，股指期货合约成为市场上最成功的金融衍生商品之一。

2.股指期货的功能

股指期货的功能主要有以下几个方面：

（1）套期保值（Hedging）功能。股票投资组合的市场风险，取决于股票投资组合与整个股票市场收益变动的相关程度。投资人需取得合适的套期保值资产头寸来冲销股票投资组合的市场风险，而股指期货和股票投资组合价格变动高度相关，因此投资人可以使用股指期货来锁定现货资产组合的价值。当市场出现利空时，股票投资组合及股指期货价值都下跌；市场出现利多时，两者都上涨。因此，若投资人持有现货投资组合，则可以卖出股指期货；若卖空现货，则买进股指期货。通过反向操作，可使投资人在一个市场中遭受的损失由另一个市场中的获利来弥补，从而锁定投资组合的正常投资收益。

（2）风险移转功能。市场风险可以通过股指期货交易进行转移，由不愿承担风险的套期保值者转移至敢于承担风险的投机者。不仅如此，股指期货也能帮助投资人规避市场风险。对于价格风险，如果投资人对整个市场的走势判断正确，但选不准股票，此时若市场上有股指期货合约，则可以通过买入或卖出股指期货合约来达到规避股价下跌的风险。对于时间风险，大部分投资人也许懂得如何选股，却把握不准市场时机（Market Time），往往被套牢，即使在多元化投资的情况下，也因调整持股而必须负担很高的交易成本，因而影响投资绩效；而股指期货是单一商品，随着大盘走势来调整投资策略时比较有弹性，且交易成本较低。对于选股风险，由于影响个股价格变动的因素很多，一般个股的表现很难凌驾于大盘走势之上，而股指期货基本上是一种观察大盘走势指标的商品，只要大盘走势预期判断准确，就可以降低选股风险。

（3）投机（Speculation）功能。投机者基于所拥有的信息对未来的价格走势作出预测，而股指期货正好为其提供了一个验证预期的渠道，并使判断准确的投机者获利。一个健全的金融市场不但要具备安全性、获利性，还需具备市场流动性。投机活动恰好能增强市场流动性，当期货市场价格与现货市场价格出现偏离时，会吸引套利者参与其中。股指期货的存在有助于锁定风险，吸引投资者进入现货市场，使资本市场更富有效率。

（4）价格发现（Price Discovery）功能。期货市场以公开方式进行交易，由于聚集了众多交易者，故可得到实时的商品预期价格，股指期货价格可视为现货市场价格的领先指标。

（5）提供新的投资渠道功能。以基金经理人为例，基金经理人不仅可以投资股票、债券等现货，还可以投资股指期货，股指期货的出现给他们提供了一种新的投资及套期保值渠道。当股市行情欠佳时，基金经理人往往受交易成本及其他诸多条件限制，无法且也不愿出清手中股票，此时可通过股指期货交易来规避现货市场的风险。

（6）扩大现货市场交易规模的功能。当期货市场与现货市场在价格方面出现偏离时，套利机会出现，此时会吸引套利者参与现货市场与期货市场的交易，直至套利机会消失为止。此外，由于股指期货可以有效锁定投资组合的风险，使得投资者更愿意进入现货市场。

3.期货产品收益预测

股指期货是投资人主要的金融投资渠道，因此预测期货产品投资盈亏具有重要的实际意义。然而，由于影响期货产品投资盈亏的因素较多，且充满许多不确定性，使得股指期货收益预测被认为是期货产品收益预测中一项极具挑战性的工作。与期货产品收益预测相关的理论以效率市场假说及随机漫步假说最具有代表性。

（1）效率市场假说

Fama提出的“效率市场假说”（efficient markets hypothesis，EMH），认为投资者在买卖期货和现货时会迅速有效地利用所有可能的信息，所有影响收益的已知因素都会充分地反映在期货和现货的价格涨跌上。Fama的“效率市场假说”存在三个基本假设要点：其一为市场会立即反映新的信息，将价格调整至新的价位；其二为新信息的出现呈随机性，即好、坏信息是相伴而来的；其三为市场上许多投资者是理性的，追求利润最大化，而且每个投资者对期货和现货的分析是独立的，相互不受影响。“效率市场假说”存在的前提条件是，市场上的每个投资者都是理性的经济人，价格反映了理性人的供需平衡，同时，价格也能充分反映该期货和现货所有可获得的信息。然而，由于市场存在交易成本、信息延迟和交易制度等障碍，使得所有信息无法立即被反映出来，但投资人仍然可以通过收益预测锁定正常利润。从国内外学者的实证研究中发现，运用技术分析方法也可以获得超额利润，且在不同的市场形态下存在各自的最佳技术指标。

（2）随机漫步假说

“效率市场假说”意味着期货和现货收益的波动是随机的（random walk），其理论依据可追溯到法国数学家Louis Bachelier阐述的“随机漫步假说”。该项研究的目的是探讨法国证券交易所选择权与期货价格之间的关系，最后结论是价格波动行为呈现随机漫步特征。“随机漫步假说”认为价格复杂的程度近于随机变化，收益极难预测。由此衍生出一个简单却重要的投资方法：买进-持有（buy and hold）策略。其基本理念是：当投资人拥有可供投资的资金时，应立即买入现货，无须考虑价格，买后便长期持有，需要大量资金时则卖出现货。

4.期货收益率与现货收益率的关系

可分别从预期理论及持有成本理论解释期货收益率与现货收益率之间的关系。

预期理论（expectations theory）认为，期货收益率可以反映投资人对现货收益率走势的看法，故视期货收益率为期货合约交割日的现货收益率的预期值。两者的关系式为：

$$E\left(R_s\right) = R_F \tag{2-1}$$

式中，R_F为期货收益率，$E\left(R_s\right)$为期货合约交割日现货收益率的预期值。

经济学家Keynes认为，当套期保值者持有期货空头部位时，投机者需持有多头部位。为了使套期保值者顺利转移风险给投机者，期货收益率需低于未来现货收益率的预期值，投机者才有意愿承担风险，则将式（2-1）改为：

$$E\left(R_s\right) > R_F \tag{2-2}$$

未来现货收益率的预期值高于期货收益率的部分，称为投机者的补偿贴水（discount）。随着期货合约交割日的临近，贴水越来越小，直至期货合约交割日时为零，也就是说，在期货合约交割日，期货收益率等于现货收益率。相反，当套期保值者持有期货多头部位时，投机者需持有空头部位。期货收益率需高于未来现货收益率的预期值，投机者才有意愿承担风险，则将式（2-1）改为：

$$E\left(R_s\right) < R_F \tag{2-3}$$

持有成本理论主张期货收益率除了考虑现货收益率外，还需考虑将现货持有至期货合约交割日这段时间内所需负担的成本，如仓储成本、资金成本等，并扣除期货合约交割日前现货获得的收益，这样才能合理反映期货合约的收益率。因此，期货收益率不一定大于现货收益率，具体还需要看持有成本与现货获得的收益冲销的结果。

持有成本理论主要适用于可储存的商品，那些无法储存的商品，如动物活体，由于受到饲养期间市场上的供需变化，以致影响到未来现货收益率，所以不适用于持有成本理论。而股指期货和现货采用现金交割，因此无仓储成本，其主要成本为利息，而在期货合约存续期间，现货成分股可能分配到股利，所以现货的净持有成本为融资利率与股利率之差。所以，股指期货和现货收益率可以适用于持有成本理论。

5.投资组合理论概述

1952年，Markowitz提出了投资组合理论，首次将资产的收益与风险结合起来进行研究。在《资产组合选择》一书中，Markowitz为理性投资者的投资决策提供了有效的方案。一般而言，理性投资者的目标是在获得期望收益的同时能够控制投资风险，Markowitz的投资组合理论便为该问题的解决提供了具体方案，指导理性投资者如何在投资组合中分配自己的资金。

Markowitz提出的投资组合理论的主要贡献在于通过预期收益和方差来度量资产的收益和风险，为收益与风险的测度提供了量化方法。除此之外，Markowitz提出根据收益和风险之间的权衡来确定投资组合中的资金配置，该观点改变了以往投资决策与分析更加关注单一资产投资价值的理念，考虑的是各资产的收益以及资产之间的相关性，投资的非系统性风险可以通过构建投资组合进行规避，因此，其重要思想在于投资组合的多样化。可以看出，投资组合理论将投资决策的过程转变成为一种优化问题。根据Markowitz提出的投资组合理论，理性投资者在收益相同的情况下，应选择风险即方差更小的投资组合，而在风险确定的情况下，应选择收益水平更高的投资组合，该类投资组合也被称为最优投资组合。

Markowitz提出的投资组合理论是建立在一些基本假设基础之上的，一旦脱离这些基本假设，投资组合理论的相关结果可能是不正确的。

（1）市场是无摩擦的。在投资过程中，不考虑交易成本和税收，投资者拥有的资产都是可以交易的，而且没有约束条件。

（2）投资者都是理性人。投资者都厌恶风险，规避风险而想要获得高收益。在一定的风险程度下，投资者更愿意选择预期收益高的有价证券投资；在一定的预期收益水平下，投资者更愿意选择风险程度低的有价证券投资。

（3）证券市场是完全竞争市场。市场中所有的参与者都是价格的接受者，即没有资本限制。

(4) 证券市场中的证券是相互关联且无限可分的。证券市场中的证券具有相关性，证券收益之间也是相互关联的，并且可以由多种证券组成一种新的风险证券。

(5) 收益率呈正态分布。证券市场上资产的收益率分布呈现正态分布。

(6) 投资者的目的是使预期效用最大化。投资者同意使用投资资产的期望收益率和收益率的方差来表示收益和风险，并把预期效用最大化作为选择的标准。

(7) 证券市场是有效的。证券市场上证券的收益率和风险变动及其变动因素对投资者都是免费公开的，即证券市场中不存在信息费用，且所有的投资者都可以同时得到相关信息。

(8) 投资证券的收益与风险之间呈现出一种正相关关系。当投资者获得的收益越大时，面临的风险也越大；当投资者获得的收益较小时，面临的风险也较小。

若存在一个市场能同时满足上述基本假设条件，我们称该市场为完全市场。但是在现实生活中，没有一个证券市场是完全市场，不能满足上述所有基本假设。

在上述基本假设成立的前提下，Markowitz对有效投资组合进行了计算，得出了投资者选择投资组合的有效边界。

假定市场上有n种风险资产，它们的投资组合向量为 $w=(w_1, w_2, \cdots, w_i, \cdots w_n)^T$，式中，$w_i$ (i=1, 2, L, n) 为第i个资产上的投资比例，$\sum_{i=1}^{n} w_i = 1$。n种风险资产在未来给定时期的期望收益率向量是 $X=(X_1, X_2, \cdots, X_n)^T$，同期收益率的协方差矩阵为 $\sum=(\sigma_{ij})_{n\times n}$。

通过计算，可以得出该投资组合在未来给定时期的期望收益率 r 和在该时期的收益率方差 σ 为：

$$r = w^T X,\ \sigma = w^T \sum w \tag{2-4}$$

根据前面的基本假设，在 r 一定的条件下，使 σ 最小的组合即有效投资组合。当 r 等于 r_p 时，由下面模型可以得出使 σ 最小的组合：

$$\begin{cases} \min \dfrac{1}{2w^T \sum w} \\ s.t. \begin{matrix} w^T X = r_p \\ w^T d = 1 \end{matrix} \end{cases} \tag{2-5}$$

式中，$d=(1，1，\cdots，1)^T$。

利用拉格朗日乘数方法求解上述优化问题，可以得到：

$$L = \lambda_1(1 - w^T d) + \lambda_2(r_p - w^T X) + 1/2w^T \sum w \tag{2-6}$$

式中，λ_1、λ_2是拉格朗日乘数因子。由（2-6）式得到最优解的一阶条件为：

$$\begin{cases} L_w = \sum w - \lambda_2 X - \lambda_1 d = 0 \\ L_{\lambda_1} = 1 - d^T w = 0 \\ L_{\lambda_2} = r_p - w^T X = 0 \end{cases} \tag{2-7}$$

由（2-7）式中第1式，得到最优解为：

$$w^* = \sum^{-1}(\lambda_2 X + \lambda_1 d) \tag{2-8}$$

将（2-8）式代入（2-7）式的第2式和第3式中，可以得到：

$$\begin{cases} 1 = \lambda_1 d^T \sum^{-1} d + \lambda_2 d^T \sum^{-1} X = \lambda_1 a + \lambda_2 b \\ r_p = \lambda_1 d^T \sum^{-1} X + \lambda_2 X^T \sum^{-1} X = \lambda_1 b + \lambda_2 c \end{cases} \tag{2-9}$$

式中，$a = d^T \sum^{-1} d$，$b = d^T \sum^{-1} X$，$c = X^T \sum^{-1} X$。

由联立方程（2-9），解得：

$$\lambda_1 = \frac{c - r_p b}{ac - b^2}, \lambda_2 = \frac{r_p a - b}{ac - b^2} \tag{2-10}$$

将（2-10）式代入（2-8）式，得到投资组合边界的最优解为：

$$w^* = \frac{r_p a - b}{ac - b^2} \sum^{-1} X + \frac{c - r_p b}{ac - b^2} \sum^{-1} d \tag{2-11}$$

6.套期保值比率概述

股指期货合约最主要的功能在于套期保值，Gray和Rutledge依据套期保值目的的不同，将套期保值理论分为四种：第一种是风险消除（risk elimination），第二种是利润最大化（profit maximization），第三种是风险降低（risk reduction），第四种是投资组合法（portfolio approach）。通常在不同的假设前提及目标函数下，最佳的套期保值比率也会有所不同。Ederington根据套期保值理论的演进，又将套期保值理论区分成三类：第一类是传统套期保值理论或称之为简单套期保值理论（traditional or naive hedging theory），就是上面所提到的风险消除策略，属于完全套期保值。第二类是预期利润最大化理论（expected profit maximization theory），即Working提出的利润最大化的策略，属于选择性套期保值理论。第三类是投资组合套期保值理论（portfolio approach hedging theory），其中包含最小方差套期保值理论（minimum variance hedging theory），即风险降低理论以及报酬-风险理论（return-risk theory）。

（1）传统套期保值理论

传统套期保值理论强调期货市场有完全的盈亏风险规避功能，其理论基础建立在现货盈亏与期货盈亏呈同向且同幅度变动的基本假设上，通过套期保值者持有与现货头寸相反且相等的期货头寸来规避其盈亏风险。如此，现货收益的利得或损失恰好与期货市场收益的损失或利得相互抵销。也就是说，现货收益与期货收益呈现同步走势，也就是完全相关。换句话说，就是现货收益上涨1%，期货收益也上涨1%；反之，现货收益下跌1%，期货收益也下跌1%。此方法隐含着风险最小化的观念，以及基差在套期保值期间的变动为零的假设。只有在基差风险为零时，才能达到完全套期保值的目的，因此又可以称为完全套期保值策略，或称之为天真套期保值（naive hedge ），其套期保值比率为1。尽管现货与期货之间具有相关性，但是现货盈亏与期货盈亏不一定完全一致变动，在采用天真套期保值策略进行套期保值时，仍会存在着基差风险，因此传统的套期保值理论无法达到风险完全消除的目的。

（2）选择性套期保值理论

通过预期利润最大化的观点来解释套期保值行为，认为套期保值者通过期货盈亏变动进行套期保值操作也包含了投机动机。因此，套期保值者参与期货市场的目的，是以追求利润最大化为目标，而非风险最小化，故此理论又称预期利润最大化理论。在前述假设条件下，套期保值者所关心的是现货与期货相对收益的变动，而非绝对收益的变动，也即基差的变动。Working认为唯有在预期现货收益与期货收益之间将产生变化时，即在基差预期将产生变化的情况下，套期保值者才会从事套期保值交易。当预期基差的变动为正时，套期保值者在持有风险性现货头寸之下，将采用完全套期保值策略；反之，当预期基差的变动为负时，套期保值者在持有风险性现货头寸之下，将不会进行套期保值操作。在此理论下，套期保值策略的实施与否取决于投资者对基差变动方向的预期，故称之为选择性套期保值理论。但是，Johnson批评选择性套期保值理论其实是一种套利策略，而非套期保值策略，理由是套期保值者应同时对相对收益波动与绝对收益波动作出预判。

（3）投资组合套期保值理论

传统套期保值理论强调套期保值的目的在于规避风险，但是，当套期保值比率为1时，忽略了投资者对于期望收益的需求。另外，选择性套期保值理论强调套期保值的目的在于使预期利润最大化，套期保值比率非0即1，如果是这样，也就没有必要进行套期保值操作了。投资组合套期保值理论则整合了前述两种套期保值理论的观点，其理论基本假设认为，风险最小与利润最大都应是套期保值者作出决策时必须考虑的因素，该理论强调套期保值者应将现货头寸及期货头寸视为一个投资组合来进行操作。

根据套期保值的目的，可以将投资组合套期保值理论进一步分为最小方差套期保值理论和报酬-风险理论（return-risk theory）。

Johnson采纳Markowitz投资组合的观点，认为现货与期货并不是替代品的关系，而是在已知现货头寸的情况下，决定要使用多少期货头寸来进行套期保值，使得投资组合的风险最小化。Johnson将传统套期保值理论追求风险最小化的观念与资产组合的理论加以整合，推导出介于0与1之间的最小方差套期保值比率（minimium variance hedge ratio），称为部分套期保值（partial hedging）策略。部分套期保值策略成为套期保值者可能选择的策略之一。

Heifner认为套期保值者在进行套期保值操作时会将利润与存在的风险同时考虑进去，这样才会与Markowitz的均值-方差架构相同，因此有的学者以利润与风险为基础构建了新的套期保值模型。其中，较为重要的模型有效用最大模型与风险抵换模型两种。

通过对比上述的各种套期保值理论可以看出，在不同的假设前提下，各种套期保值理论由于在套期保值效果衡量标准方面存在差异，导致计算出来的套期保值比率也会有所不同。在本书中，计算套期保值比率的各种模型均是在遵循投资组合套期保值理论的前提下构建的。

2.2 相关模型阐述

1.类神经网络（ANN）模型

所谓类神经网络（Artificial Neural Network）即仿真生物脑的运作逻辑，以人工神经元模拟生物神经元。以人脑为例，人脑由巨量的神经细胞组成，大约有1 000亿个神经细胞、100万亿根连接，形成一个高度链接网状的神经网络（neural network）。类神经网络是仿真生物神经网络的信息处理系统，它是一种计算系统，使用大量简单的人工神经元相连来模仿生物神经网络的能力。人工神经元是生物神经元的简单模拟，它从外界或者其他人工神经元取得信息，并加以简单运算，然后输出结果到外界环境或者其他人工神经元。

（1）类神经网络的特性与功能

① 输入与输出能相互对映。类神经网络可以通过历史性成对的输入与输出数据，自动地寻找输入与输出之间的关系。

② 具备容忍错误的能力。由于是分布式的记忆模式，部分链接损坏也不会影响到整个网络所具有的功能。

③ 自我调适的能力。类神经网络可以通过调整处理单元之间的链接强度，使输入值与输出值之间的差距大大减小。

④ 平行处理的特性。类神经网络对信息的处理采取大量的神经元平行处理方式。

⑤ 能处理非线性的问题。类神经网络是模仿人类神经网络而设计的，它的基础是非线性的，因此能对非线性的问题作出有效的处理。

⑥ 多重分布式联想记忆。依靠链接两个不同的处理单元之间的权数或链接强度来记忆，类神经网络是多重分布式的，并且处理单元之间

也具有联想性。

⑦ 图形辨识的能力。由于类神经网络具有容错的能力，所以对于图形，甚至不完整图形都有很强的辨识能力。

⑧ 具有严谨的数学基础。类神经网络通过数学运算与微积分的应用来调整网络参数。

（2）类神经网络处理单元

一个类神经网络由众多的处理单元组成，它包括下面几个重要的部分：

① 输入信号（inputs unit）。输入信号来自外界环境或其他处理单元，每个输入信号均对应一个实际的属性值。

② 输出信号（outputs unit）。类神经网络输出信号成为某一特定问题的解，也可以输出至其他处理单元，成为处理单元输入信号的一部分。

③ 权重（weights）。权重代表前一层或外界输入对该处理单元的相对强度。权重在类神经网络中相当重要，网络学习基本上是通过不断地调整权重值以减少误差。

④ 结合函数 $\sum$(combination function)。将所有的输入信号（X_i）合并成一个单一的值 Y_i：$Y_i = \sum X_i * W_i$（W_i 为权重值）。函数有一既定的阈值，Y_i 越接近此阈值，则对输出信号的影响越强烈。

⑤ 转换函数 T（transfer function）：将结合函数合并的单一值 Y_i 转换为输出信号。常见的转换函数有下列三种：

A.线性转移函数：

$$y = purelin(x) \tag{2-12}$$

该函数产生介于正无限到负无限之间的输出值，对应处理单元节点从负无限到正无限的输入信号。

B.正切双弯曲转移函数：

$$y = tansig(x) \tag{2-13}$$

该函数产生介于 1 和-1 之间的输出值，对应处理单元节点从负无限到正无限的输入信号。

C.对数双弯曲转移函数：

$$y = logsig(x) \tag{2-14}$$

该函数产生介于0和1之间的输出值，对应处理单元节点从负无限到正无限的输入信号。

（3）类神经网络的运作方式

一个类神经网络是由许多上述的处理单元构成的，并且可以组成各种不同的网络模式。基本上，类神经网络的运作就是通过训练来调整节点间的权重值，以期能找出正确映射输入与输出的关系模式。其中，网络的运作可以分成两个过程：

① 训练过程的目的在于决定网络的权重值。

② 仿真过程的目的在于决定网络的预测输出值或验证网络的准确度。在训练的过程中，网络要遵照所谓的学习规则（Learning Rule）。也就是说，通过接收供学习用的外界环境的信息来执行所谓的训练算法（Training Algorithm），其目的是优化网络的权重值，使得网络对所有供学习的信息能作出最佳的反应，而不同类型的网络有不同的算法。

2.支持向量机（SVM）模型

支持向量机（Support Vector Machine，SVM）理论由Vapnik首先提出，其理论基础是统计学习理论，更确切地讲，支持向量机是因追求结构风险最小化而形成的一种以核函数（Kernel Function）为基础的学习方法。SVM的主要思想是运用超平面空间将数据进行分类，在众多的超平面空间分割中，希望不同类的数据能够被分隔得越远越好（即距离超平面的边界值（margin）最大），该超平面即最佳分割的超平面(optimal hyper plane)。

支持向量机具备很多优点：训练时间较少，在解决实际问题时是最好的方法之一；具有很好的稳健性，适应力强；具备很强的通用性，能够在各种函数集中构造新函数；计算过程简单，方法的实现只需要利用简单的优化技术。

支持向量机已成功地应用于人脸识别、生物信息、财务金融、文字提取、影像辨识等众多领域，用于解决分类和回归等方面的问题。

支持向量机是目前解决分类问题的一种方法，主要思路是将数据分布在空间中（可能是二维、三维，甚至多维），然后利用一个多项式或是三角函数组成的方程式将数据分类，也就是说，它能够将原有的训练数据由所在的空间X通过核运算符（kernel operator）转换成另一个更高维的空间F。它的目标是自F中找出一个最佳的分割超平面，这个超平面能够将数据按照类别分开，然后利用找出来的核函数关系（kernel function）输入坐标数据，即可知道数据是不是属于某个类别，据此将数据分类。

回归问题和分类问题在本质上是一样的，就是有一系列输入（自变量），又有一个输出（因变量）。也就是说，首先确立一个函数映射 $Y=F(X)$，然后利用训练集合中已知的 (x, y) 来建立回归模型，最后用这个模型去做预测。

3.自回归整合移动平均（ARIMA）模型

ARIMA模型称为自回归整合移动平均模型，是时间序列数据预测分析方法之一。ARIMA（p，d，q）中，AR是“自回归”，p 为自回归阶数，MA为“移动平均”，q 为移动平均阶数，d 为使原时间序列成为平稳时间序列所作的差分次数。ARIMA模型最初由Box和Jenkins提出，是一种试误递归过程。搜集数据并绘制自相关函数ACF图与偏自相关函数PACF图，通过观察ACF图和PACF图的形态来判断时间序列数据的平稳性，并据此对数据进行适当阶次的差分以建立ARIMA模型。建构流程简单描述如下：

模型识别（model identification）。首先将时间序列数据依时间先后画图，观察数据的波动并计算ACF与PACF值。如果序列数据为非平稳时间序列，则对数据进行差分处理，直至变平稳为止，若经过 d 次差分后，成为均值恒定、异方差恒定的平稳时间序列，则可确定ARIMA（p，d，q）模型中的 d 值。然后利用ACF图与PACF图判定模型中自回归（AR）与移动平均（MA）的阶（p，q）。ARIMA（p，d，q）模型判别准则见表2-1。

表2-1　　ARIMA模型判别准则

	ACF	PACF
AR（p）	呈指数递减或正弦函数递减	p期后截断
MA（q）	q期后截断	呈指数递减或正弦函数递减
ARMA（p,q）	呈指数递减或正弦函数递减	呈指数递减或正弦函数递减

参数估计（parameter estimation）。待模型初步形态确立后，估计自回归项的各个系数与移动平均项的各个系数，通常利用最小平方法计算参数的最佳估计值，以期使误差项的平方和最小，求得有效的函数估计值。如果采用递归方式进行非线性参数估计，则需要指定参数的起始值，再观察所得的参数值是否收敛。一般而言，因为ACF已知，所以自回归部分的指定起始值可用Yule-Walker联立方程组求出的p个自回归项的系数作为自回归项各系数的第一组值，同样利用ACF的特征，以q个联立方程解出q个移动平均项的系数作为起始值，再以递归方式计算移动平均部分的系数。

诊断检验（diagnostic checking）。完成模型的参数估计后，需要对模型进行检验，看模型是否平稳。平稳时间序列是指一个时间序列的统计特征不随时间的变化而改变。使用ARIMA模型的前提是随机误差项需要为白噪声，故诊断方法的基础是依据实际模型的每个随机误差项是否呈现正态分布且彼此独立，如果模型设定正确，那么误差项应近似白噪声。首先计算原始数据与该模型所得到的预测值两者之差，形成残差序列；其次将此残差序列进行自相关检验，并配以信息准则进行甄选；最后选取适当的模式。若符合检验标准，则选取相应的（p，d，q）组合为最佳阶数组合，反之则重新进行试验，直到通过试验为止。经由上述流程后，模型若被认为合适，则以此为最终预测模型进行收益率预测。

4. 自回归条件异方差（Autoregressive Conditional Heteroskedasticity，ARCH）模型

当时间序列数据应用于实证分析时，大都假定残差项的条件方差是

固定的，但是这种假设与现实情况相差较远。由于一些金融变量（如收益率、利率、汇率等）的条件方差会随时间而改变，因此，在条件方差为同构性的假定条件下，自回归整合移动平均（ARIMA）模型中的自回归（AR）模型、移动平均（MA）模型、自回归移动平均（ARMA）模型均无法满足金融资产收益的方差具有变动性的行为特征。Cassuto认为，金融资产收益的时间序列数据常具有波动性群聚（volatility clustering）的现象，即当期收益率有大幅度的波动发生时，往往下一期收益率也会有大幅度的波动。这种现象会造成传统的回归模型无法对实际现象加以反映，这隐含着残差项平方的自相关与变动等问题，一直到Engle提出自回归条件异方差（Autoregressive Conditional Heteroskedasticity，ARCH）模型后，这个问题才得到解决。他将条件方差随时间而改变的现象纳入考虑范围，设定了时间序列数据条件方差受到前期残差项的影响，且其变化会随时间而改变。这也印证了Fama等人提出的期货市场收益率服从波动从聚性的现象，也就是说，前期残差项产生大（小）幅度的变动，会使得当期方差也产生同方向大（小）幅度的变动。

股指期货套期保值的目的，在于找出最佳的套期保值比率将投资组合风险降至最低，由于传统的OLS套期保值模型对于残差项方差具同构性以及无自相关的假设并不合理，所以ARCH族模型不仅可以改善OLS套期保值模型的假设缺失，且更能有效捕捉金融时间序列数据的偏峰度特征与波动从聚性。在使用ARCH或GARCH（Generalized ARCH，GARCH）族模型来匹配时间序列数据之前必须进行ARCH效应检验，来确定时间序列数据残差项的条件方差是否具有波动从聚性的现象。进行ARCH效应检验的方法主要有两种：一种方法是拉格朗日乘数检验（Lagrange Multiplier Test，LM），另一种方法是对残差平方序列$\{e_t^2\}$进行Q检验。

2.3 本章小结

本章对后续章节在模型构建及实证分析中需要用到的基础理论进行了阐述，以期对套期保值在股指期货与现货投资组合中的应用提供理论依据。

3 股指期货与现货收益率预测的实证分析

本章首先根据具体的研究对象，构建针对股指期货与现货收益率预测的ARIMA、BPNN、SVR模型。其次，对研究的样本数据进行整理，通过构建的各种收益率预测模型对股指期货与现货收益率进行预测，并进行实证分析。最后，运用评价模型预测效果的三种准则对股指期货与现货收益率预测效果进行对比评价。

3.1 研究设计

3.1.1 研究步骤与流程

以沪深300股指期货与现货收益率为研究对象，首先对原始样本数据进行搜集整理，确立需要输入的技术指标，然后构建相应的ARIMA、BPNN、SVR收益率预测模型，最后对各模型的收益率预测效果进行对比，并展开分析。具体流程如图3-1所示。

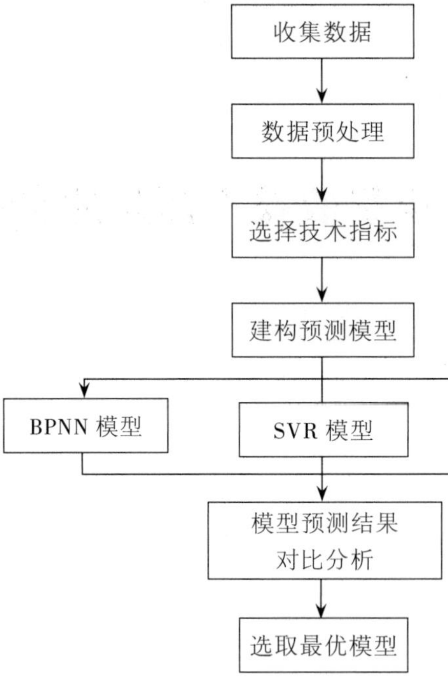

图 3-1　研究流程

步骤一：分别搜集沪深300股指期货与现货的开盘价、最高价、最低价、收盘价、成交量和成交金额六项技术指标的日交易数据。

步骤二：为避免数值差距太大，造成后续股指期货与现货收益率预测失真，将搜集到的数据予以正则化处理。

步骤三：将正则化的数据代入构建的股指期货与现货收益率预测模型中，进行股指期货与现货的收益率预测，并分别对股指期货与现货收益率预测模型的预测效果进行比较分析。

3.1.2　研究对象与样本

本章的研究对象为沪深300股指期货与现货日收益率，期货相关数据来自中国金融期货交易所网站，现货相关数据来自网易财经网站。首先提取2010年4月16日至2021年12月31日区间段的沪深300股指期货和现货的日交易相关数据（开盘价、最高价、最低价、收盘价、成交量、成交金额），分别为2 849组日交易数据，最后的20组日交易数据为样本外数据，其余为样本内数据，能够满足模型预测分析及准确度要求，部分数据截取见表3-1、表3-2。

表3-1　　沪深300股指期货收益率部分原始相关数据截取

交易日期	开盘价	最高价	最低价	收盘价	成交量	成交金额
2021/12/6	4 918	4 942	4 892.2	4 895.2	63 233	9 330 254.976
2021/12/7	4 932.2	4 935.6	4 901	4 925	64 193	9 471 319.122
2021/12/8	4 932	5 008.6	4 915.8	5 005.8	76 840	11 448 101.56
2021/12/9	5 010	5 137.8	5 004.2	5 089.2	92 892	14 157 882.79
2021/12/10	5 068.2	5 084.6	5 057.2	5 073	63 894	9 720 342.768
2021/12/13	5 120	5 161.6	5 080.2	5 080.6	79 346	12 183 658
2021/12/14	5 067.2	5 089.8	5 047.4	5 059.4	56 578	8 600 003.61
2021/12/15	5 048.2	5 069.2	5 005.6	5 009.2	55 513	8 386 943.496
2021/12/16	5 013.8	5 035.8	4 996	5 035.2	46 816	7 046 670.318
2021/12/17	5 025	5 030	4 961.4	4 964.6	23 047	3 451 293.912
2021/12/20	4 961.4	4 997.2	4 895.2	4 904	73 859	10 950 822.47
2021/12/21	4 907.6	4 942.2	4 898	4 923.2	58 558	8 645 440.944
2021/12/22	4 934.8	4 948.4	4 910.6	4 921.4	48 903	7 231 284.378
2021/12/23	4 934	4 968.8	4 916	4 962.4	59 854	8 875 908.804
2021/12/24	4 967	4 975.8	4 915.8	4 937.6	54 739	8 116 574.676
2021/12/27	4 938	4 963.6	4 912.2	4 945	52 840	7 831 320.918
2021/12/28	4 950.8	4 993.8	4 940	4 974.6	62 373	9 284 940.606
2021/12/29	4 979.8	4 981.6	4 900.2	4 903	63 531	9 396 288.714
2021/12/30	4 905	4 964	4 899.2	4 940	63 936	9 475 245.36
2021/12/31	4 960	4 973.4	4 931.4	4 943	50 670	7 527 126.042

表3-2　　沪深300股指现货收益率部分原始相关数据截取

交易日期	开盘价	最高价	最低价	收盘价	成交量	成交金额
2021/12/6	4 909.4292	4 943.9032	4 888.6927	4 892.6209	17 361 568 300	333 405 791 015
2021/12/7	4 930.8261	4 934.0973	4 895.2178	4 922.1015	17 905 346 000	340 617 766 238
2021/12/8	4 934.4056	4 995.9298	4 915.7898	4 995.9298	15 749 055 900	329 064 831 239
2021/12/9	5 000.6871	5 114.5012	4 999.4097	5 078.6901	22 056 877 600	425 680 958 779
2021/12/10	5 046.2677	5 060.0554	5 035.8087	5 055.1172	19 369 515 400	356 917 625 380
2021/12/13	5 090.0207	5 143.841	5 079.7276	5 083.8007	21 180 159 600	426 376 532 477
2021/12/14	5 066.3497	5 075.2138	5 038.8583	5 049.6953	15 910 779 000	318 685 538 074
2021/12/15	5 036.284	5 060.368	5 003.7776	5 005.8991	15 052 975 200	291 072 568 761
2021/12/16	5 006.6105	5 034.7321	4 987.2247	5 034.7321	14 405 386 700	291 474 766 866
2021/12/17	5 021.3385	5 022.1067	4 954.7592	4 954.7599	14 900 539 900	297 943 311 187
2021/12/20	4 934.9662	4 971.6727	4 872.6846	4 880.4178	16 967 569 000	317 536 919 390
2021/12/21	4 876.5141	4 917.7994	4 872.9491	4 913.4853	14 333 989 800	259 023 177 323
2021/12/22	4 924.5771	4 936.6731	4 903.1652	4 914.4544	13 325 674 000	244 642 450 514
2021/12/23	4 924.2912	4 948.7389	4 906.7473	4 948.7389	13 955 540 600	263 359 754 801
2021/12/24	4 953.0616	4 964.9064	4 905.9785	4 921.3449	14 267 332 300	290 483 663 506
2021/12/27	4 918.1462	4 939.689	4 894.1598	4 919.3238	12 410 095 200	254 421 525 173
2021/12/28	4 923.6917	4 959.1448	4 913.5983	4 955.9644	13 045 775 700	276 316 732 181
2021/12/29	4 958.6455	4 958.6455	4 883.4804	4 883.4804	11 358 700 200	273 225 467 112
2021/12/30	4 882.1561	4 940.178	4 878.6478	4 921.5109	12161 717 800	268 022 477 312
2021/12/31	4 937.463	4 950.3639	4 923.1392	4 940.3733	12 131 373 700	266 975 388 723

3.2 股指期货与现货收益率预测模型的构建

3.2.1 ARIMA模型的构建

自回归整合移动平均（autoregression integrated moving average，ARIMA）模型主要进行时间序列数据预测，是一种高度集合的时间序列数据预测模型。

ARIMA模型在对一个变量的未来值作出预测前，需要先取得此变量过去实际发生的值，然后通过模型参数估计及一系列检验，再为此时间序列数据找出一个适当参数的ARIMA模型。在构建ARIMA模型时，仅考虑所分析的变量的过去的行为，不考虑此变量受到其他变量影响的关系，模型由p、d、q三个参数所决定，其中，p为自回归（autoregression，AR）滞后阶数，d为差分（differencing）次数，q为移动平均（moving average，MA）阶数，差分的目的在于将非平稳状态（nonstationary）的时间序列数据调整为平稳状态（stationary）时间序列数据。换句话说，ARIMA模型就是首先将非平稳状态序列数据经差分后，转换成平稳状态时间序列数据，再配以ARMA（p，q）模型，形成ARIMA（p，d，q）模型。平稳状态时间序列数据需要具备的条件为：同时满足恒定期望值、恒定方差、恒定自相关三个条件。ARIMA（p，d，q）统计模型如下：

$$\left[\nabla^d Y_t - \mu\right] = \frac{\left(1 - \theta_1 B - \theta_2 B^2 - \cdots - \theta_q B^q\right)}{\left(1 - \varphi_1 B - \varphi_2 B^2 - \cdots - \varphi_p B^p\right)} e_t \tag{3-1}$$

式中，∇为差分运算符（differencing operator），B为后退运算符（backward shift operator），Y_t为第t期的观察值，μ为差分后均值，p为自回归滞后阶数，d为差分次数，q为移动平均滞后阶数，φ_1，φ_2，…，φ_p为自回归系数，θ_1，θ_2，…，θ_q为移动平均系数，e_t为误差项，$e_t \sim iid(0,\ \sigma^2)$。

ARIMA（p，d，q）模型参数简化见表3-3，不同$(p,\ d,\ q)$组合可

构成无限多组ARIMA模式，研究者在构建ARIMA预测模型时，必须先辨认序列数据最佳的参数组合(p, d, q)，然后估计系数及进行预测。

表3-3 ARIMA简化参数模型

ARIMA模型	简化参数模型
ARIMA（p,0,0）	AR（p）
ARIMA（0,0,q）	MA（q）
ARIMA（0,1,0）	直线趋势预测
ARIMA（p,0,q）	ARMA（p,q）

ARIMA模型的构建过程主要有下列步骤：第一步为模型辨认（model identification），第二步为参数估计（parameter estimate），第三步为预测生成（forecast generation）。现分述如下：

1.模型辨认

在对时间序列数据进行分析之前，首先需要确认数据符合何种形态，此即模型辨认，也即确定ARIMA模型中(p, d, q)值，使其所构建的模型为最佳模型。模型辨认步骤分两个阶段，首先利用时间序列趋势图辨认d值，再利用相关函数（correlation function，CF）辨认（p，q），其中相关函数包括自相关函数（auto-correlation function，ACF）、偏自相关函数（partial auto-correlation function，PACF），下面进行具体阐述。

d值是时间序列差分次数，可通过时间序列趋势图加以辨认。若时间序列为水平趋势，则设定d=0；若为上升或下降趋势，则设定d=1；若为二次式曲线趋势，则设定d=2。理论上d值可以设定为任意非负整数，但实际上所设定的d值大多限于0，1，2三个数值，因为当d大于2时，由于差分次数过多，会产生难以追踪的情况，所生成的预测结果经常与逻辑推理差距较大。（p，q）辨认是通过ACF、PACF两个相关函数的图形来判定，理论上可分为AR（p）、MA（q）与ARMA（p，q）三个类型，此三个类型所展现的相关函数图形皆不相同。根据ARIMA模型辨认准则（表3-4）所示，AR的相关函数，ACF为尾部收敛，PACF则在p阶后切断，即存在显著的断尾，则辨认模型为AR（p）；MA的相关函数，ACF在q阶后切断，PACF皆为尾部收敛，则辨认模型为MA（q）；然而当ACF、PACF都无明显切断点时，序列属于ARMA（p，q）模型，一旦模型判定为ARMA（p，q），则很难通过相关函数辨认出最适当（p，q）值，实际的解决方法是以试错法（trial and error），也即以（1，1）、（1，2）、（2，1）、（2，2）等值代入，再以信息准则评估模型适配度，搜寻最佳模型，其中信息准则的概念与残差值类似，数值越低代表模型的适配度越高。此外，由于在辨认过程中必须依赖研究者主观判断，容易产生模棱两可的辨识结果，此时也可比较各模型信息准则的值，以确定最佳模型。

表3-4　ARIMA模型辨认准则

模型	相关函数	
	ACF	PACF
AR（p）	尾部收敛	p阶后切断
MA（q）	q阶后切断	尾部收敛
ARMA（p,q）	尾部收敛	尾部收敛

2.参数估计

在辨认出最佳ARIMA（p，d，q）模型后，即可进行参数的估计，常用的估计方法有普通最小二乘法（ordinary least squares，OLS）、无条件最小平方法（unconditional least squares，ULS）与最大似然估计（maximum likelihood，ML）。普通最小二乘法就是将时间序列前p期的数值以序列均值补齐，使得在估计自回归参数时损失的自由度较少，但所补齐的数值为平均值，对一个具有时间趋势的序列数据而言，以此方式产生的参数估计难免会导致预测值产生不合理现象。无条件最小平方法则不在前p期补上序列均值，而是将这p期视为缺失值，导致损失自由度，对于观察期太短的时间序列而言，将造成参数估计上的困扰。最大似然估计法是先以模型参数形成似然函数，再将似然函数值最大化，进而估计出模型参数。

3.预测生成

在完成参数估计后，即可获得完整的ARIMA（p，d，q）模型，进而进行预测，预测方法包括点估计与区间估计，预测结果可分为样本内预测与样本外预测。其中区间估计将产生预测上限与预测下限，可以反映序列变异，并具有一定的风险预警意义。

3.2.2 BPNN模型的构建

1.倒传递神经网络（BPNN）算法

我们在理论基础部分已对类神经网络模型进行了阐述，由于类神经网络模型缺乏隐藏层的学习算法，无法解决逻辑或门的问题，导致其学习能力受到很大的限制。因此，可以在类神经网络中加入隐含层的学习算法，得到倒传递类神经网络（Back Propagation Neural Network，BPNN）算法，也可称之为BP神经网络模型。

类神经网络可依照学习方法分成监督式学习、无监督式学习、联想式学习以及最优化应用，或是依照网络架构分成前向式架构（forward）与回馈式架构（feedback），本章中所构建的倒传递类神经网络（BPNN）属于监督式学习前向式架构。监督式学习，是指每个训练样本都有输入值与输出值，倒传递类神经网络通过训练样本学习输入变量与输出变量之间的关联规则，最后应用于样本外预测；前向式架构，是指类神经网络的每一层只接受上一层的输出作为输入数据。

BPNN的特点是信号前向传递，误差反向传播。在前向传递中，首先将技术指标经由输入层输入BPNN，经由一层或一层以上的隐含层进行信息强化与传递，最后通过输出层输出期望值。如果输出层得不到期望输出，则转入反向传播，根据误差函数值调整网络权值和阈值，直到误差函数值收敛至预设的条件为止。BPNN的预测过程包括以下几个步骤：

①选定训练样本，将其转化成输入向量作为算法的输入。根据系统输入输出序列（X，Y）确定网络输入层节点数n，隐含层节点数l，输出层节点数m，初始化输入层、隐含层和输出层神经元之间的连接权值ω_{ij}、ω_{jk}，初始化隐含层值a，输出层值b，给定学习速率和神经元激励函数。

②隐含层输出计算。根据输入变量X，输入层和隐含层连接权值ω_{ij}

以及隐含层值 a，计算隐含层输出 H。

$$H_j = f(\sum_{i=1}^{n} \omega_{ij} x_i - a_j) \qquad j = 1,2,\cdots,l \tag{3-2}$$

式中，j 为隐含层节点数，f 为隐含层激励函数。

③经过对隐含层激励函数转换，计算算法的期望输出值。根据隐含层输出 H，连接权值 ω_{jk} 和阈值 b，计算 BPNN 预测输出 O。

$$O = \sum_{j=1}^{l} H_j \omega_{jk} - b_k \qquad k = 1,2,\cdots,m \tag{3-3}$$

④计算期望输出值与实际输出值的误差值。根据网络预测输出 O 和期望输出 Y，计算网络预测误差 e。

$$e_k = Y_k - O_k \qquad k = 1,2,\cdots,m \tag{3-4}$$

⑤根据网络预测误差 e，重新调整连接权值和阈值。

$$\overline{\omega}_{ij} = \omega_{ij} + \eta H_j (1 - H_j) x(i) \sum_{k=1}^{m} \omega_{jk} e_k \qquad i = 1,2,\cdots,n\,;\, j = 1,2,\cdots,l \tag{3-5}$$

$$\overline{\omega}_{jk} = \omega_{jk} + \eta H_j e_k \qquad j = 1,2,\cdots,l\,;\, k = 1,2,\cdots,m \tag{3-6}$$

$$\overline{a}_j = a_j + \eta H_j (1 - H_j) \sum_{k=1}^{m} \omega_{jk} e_k \qquad j = 1,2,\cdots,l \tag{3-7}$$

$$\overline{b}_k = b_k + e_k \qquad k = 1,2,\cdots,m \tag{3-8}$$

式中，ω_{ij}、ω_{jk} 为网络连接权值，a、b 为网络节点值，η 为学习速率。

⑥重复步骤②至步骤⑤，直至达到预设终止标准，进行预测值输出。

在倒传递类神经网络架构中，以下因素会影响网络的构建与误差收敛过程：

（1）输入层：用倒传递类神经网络将输入信号转换成输入向量，其神经元数目（或称节点数（node））与输入变量相同。

（2）隐含层：隐含层层数与隐含层神经元节点数的确定一般是以试错法（trial and error）来判断或听取专家意见。倒传递类神经网络通过单一层的隐含层足以建构复杂的非线性方程式，因此，建议使用单一层的隐含层建构神经网络模型。至于隐含层神经元节点数，则依据专家的建议，对一个具有 n 个输入变量个数的神经网络，以 $2n-2$、$2n-1$、$2n$、$2n+1$、$2n+2$ 搜寻最佳隐含层节点数。

（3）转换函数：倒传递类神经网络常采用的转换函数有以下四种，其中sigmoid function是最常采用的一种。

① the sigmoid （logistic） function：

$$f(x)=[1+\exp(-x)]^{-1} \tag{3-9}$$

② the hyperbolic tangent function （双曲正切函数）：

$$f(x)=[\exp(x)-\exp(-x)]/[\exp(x)+\exp(-x)] \tag{3-10}$$

③ the sine or cosine function：

$$f(x)=\sin(x) or f(x)=\cos(x) \tag{3-11}$$

④ the linear function：

$$f(x)=x \tag{3-12}$$

（4）输出层：输出层神经元节点数目与输出变量数目相同。

（5）学习速率：学习速率介于0与1之间，学习速率的大小影响误差是否收敛及收敛速度快慢的程度。模型在训练过程中，如果学习速率过大，将会导致神经元处理单元净值工作量变得很大，再经转换函数会使得神经元期望输出值工作量相对变得极大，而误差函数的导数变得相对极小，使得训练程序几乎停顿，以致无法收敛。相反，如果学习速率过小，则会造成收敛速度太慢且容易落入局部极小值，目前各种避免无法收敛和避免落入局部极小值的方法都是以经验法进行处理，并无确切的理论基础作为支撑，通常采用试错法（trial and error）搜寻最佳设定值。

（6）权重初始值：决定连接权值的初始值，一般以随机方式产生。

（7）学习循环：当所有的样本数据输入倒传递类神经网络完成训练，即称为一次学习循环（iteration），学习循环次数过多，容易产生过度学习，产生计算冗余；反之，学习循环次数过少，会导致误差值不收敛，影响预测的精度。

2.遗传算法优化后的BPNN算法（GA_BPNN）

使用遗传算法（GA）优化BPNN算法，分为BPNN拓扑结构确定、遗传算法（GA）优化和BPNN预测三个部分。首先，根据拟合函数输入参数个数，确定BPNN拓扑结构，进而确定遗传算法（GA）单体的长度。其次，遗传算法（GA）优化BPNN的权值和阈值，种群中的每个单体都包含了一个网络所有权值和阈值，单体使用适应度函数计算单体适应度值，遗传算法（GA）通过选择、交叉和变异操作找到最优适应度值对应的单体。最后，BPNN算法使用遗传算法（GA）得到的最优单体的网络初始权值和阈值，进行网络训练后，预测函数值输出。遗传算法优化BPNN算法（GA_BPNN）具体流程如图3-2所示。

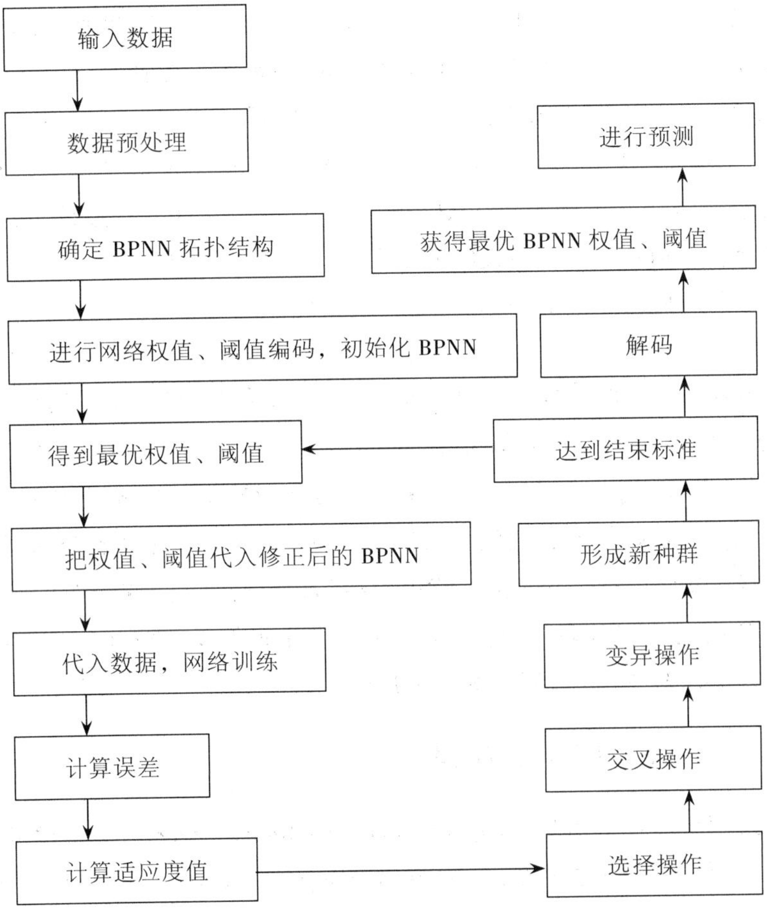

图3-2 遗传算法优化BPNN算法（GA_BPNN）流程

3.粒子群算法优化后的BPNN算法（PSO_BPNN）

粒子群算法（PSO）源于对鸟类寻找食物行为的研究。鸟类寻食时，每只鸟寻到食物最简单有效的方法就是搜寻当前距离食物最近的鸟的周围区域，粒子群算法（PSO）就是从这种鸟类种群行为特征中得到启示并用于解决优化问题的。PSO算法中每个单体相当于搜索空间中的一只鸟，都代表优化问题的一个潜在解，每个单体对应一个由适应度函数决定的适应度值，单体的速度决定了单体飞行的方向和距离，速度随自身及其他单体的移动进行动态调整，从而实现单体在解空间中的寻优。

例如，选定的一个W维搜索空间中，有n个粒子组成的种群$X=(X_1, X_2, \cdots, X_n)$，其中，第$i$个粒子表示为一个$W$维向量$X_i=[x_{i1}, x_{i2}, \cdots, x_{iD}]^T$，表征第$i$个粒子在$W$维搜索空间中的位置。首先，根据目标函数计算出每个粒子位置X对应的适应度值。第i个粒子的速度为$V_i=[V_{i1}, V_{i2}, \cdots, V_{iD}]^T$，其个体极值为$P_i=[P_{i1}, P_{i2}, \cdots, P_{iD}]^T$，种群的全局极值为$P_g=[P_{g1}, P_{g2}, \cdots, P_{gD}]^T$。在每次迭代过程中，粒子通过个体极值和全局极值及时调整自身的速度和位置。

$$V_{id}^{k+1}=\omega V_{id}^{k}+c^1 r^1(P_{id}^{k}-X_{id}^{k})+c^2 r^2(P_{gd}^{k}-X_{id}^{k}) \tag{3-13}$$

$$X_{id}^{k+1}=X_{id}^{k}+V_{id}^{k+1} \tag{3-14}$$

式中，ω为惯性权重，W为空间维数，i为粒子数，k为迭代次数，V_{id}为粒子速度，c_1、c_2为加速度因子，r_1、r_2为［0，1］间的随机数。

我们可以利用粒子群算法（PSO）的全局搜索能力来优化BPNN的拓扑结构、连接权值和阈值。将粒子群算法（PSO）良好的全局寻优能力与BPNN算法良好的局部寻优能力相结合，可以提高BPNN的泛化能力，从而提升BPNN的整体输出效果。粒子群算法（PSO）优化BPNN算法（PSO_BPNN）流程如图3-3所示。

3.2.3 SVR模型的构建

回归型支持向量机（support vector machine for regression，SVR）是一种以新兴的统计学习理论（statistical learning theory）为基础而发展起来的机器学习系统。传统的神经网络模型是以实验风险最小化（empirical risk minimization）为基础的，也就是说，以样本内误差最小化的方法求得最佳模型，而SVR则是应用了结构风险最小化原则（structure risk minimization principle），试图找到一个综合样本内与样本外误差的最小上限，以求得最优解。换句话说，SVR寻找的是全局最优

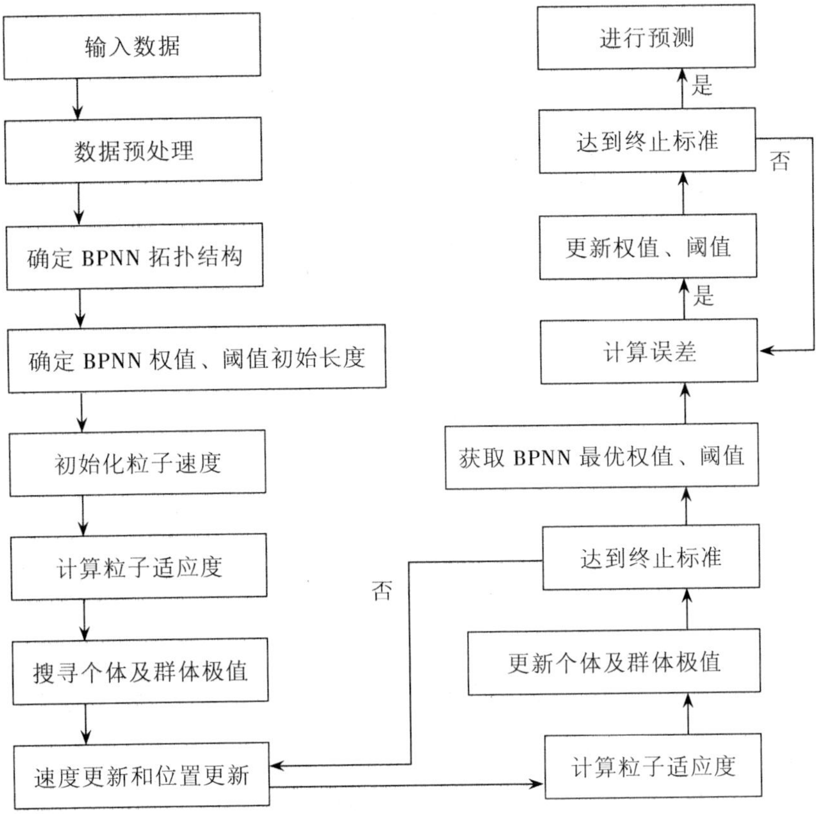

图3-3　粒子群算法（PSO）优化BPNN算法（PSO_BPNN）流程

解（global optimal solution），而神经网络模型可能落入局部最优解(local optimal solution)，因此SVR没有像神经网络那样出现过度适配(over fitting）的问题。SVR在处理非线性问题时，其基本路径为：将低维度输入向量x的非线性问题，通过函数转换为高维度特征空间(feature space）的线性问题，再以线性方法解决。SVR的数学算法推导如下：

第一步，设含有l个训练样本的样本对为：

$$\{(x_i,y_i)\},i=1,2,\cdots,l \tag{3-15}$$

式中，$x_i(x_i\in R^d)$是第l个训练样本的输入列向量$x_i=[x_i^1,\ x_i^2,\ \cdots,\ x_i^d]^T$，$y_i(y_i\in R)$为对应的输出值。

第二步，设在高维特征空间中建立的线性回归函数为：

$$f(x)=w\Phi(x)+b \tag{3-16}$$

式中，$\Phi(x)$为非线性映射函数。

第三步，定义线性不敏感损失函数ε，来表示若$f(x)$与y之间的差别小于等于ε，则损失等于0。

$$L(f(x),y,\varepsilon)=\begin{cases}0,\left|y-f(x)\right|\leqslant\varepsilon\\ \left|\left|y-f(x)\right|-\varepsilon,\right|y-f(x)\left|>\varepsilon\right.\end{cases} \tag{3-17}$$

式中，$f(x)$为回归函数返回的预测值；y为对应的真实值。

第四步，引入松弛变量：

$$\begin{cases}\min\frac{1}{2}\|w\|^2+C\sum_{i=1}^{l}(\xi_i+\xi_i^*)\\ s.t.\begin{cases}y_i-w\Phi(x_i)-b\leqslant\varepsilon+\xi_i,i=1,2,\cdots,l\\ -y_i+w\Phi(x_i)+b\leqslant\varepsilon+\xi_i^*\\ \xi_i\geqslant 0,\xi_i^*\geqslant 0\end{cases}\end{cases} \tag{3-18}$$

式中，C为惩罚因子，C越大，表示对训练误差大于ε的样本惩罚越大。ε规定了回归函数的误差要求，C越大，表示回归函数的误差越小。

第五步，求解（3-18）式时，同样引入拉格朗日乘数，并转换为对偶形式：

$$\begin{cases}\max\limits_{a,\ a^*}\left[-\frac{1}{2}\sum_{i=1}^{l}\sum_{j=1}^{l}(a_i-a_i^*)(a_j-a_j^*)K(x_i,\ x_j)-\sum_{i=1}^{l}(a_i+a_i^*)\varepsilon+\sum_{i=1}^{l}(a_i-a_i^*)y_i\right]\\ s.t.\begin{cases}\sum_{i=1}^{l}(a_i-a_i^*)=0\\ 0\leqslant a_i\leqslant C\\ 0\leqslant a_i^*\leqslant C\end{cases}\end{cases} \tag{3-19}$$

式中，$K(x_i,\ x_j)=\Phi(x_i)\Phi(x_j)$为核函数。常见的Kernel function类型有三种：

①线性（linear）函数：

$$K\left(x_i,x_j\right)=x_i^Tx_i \tag{3-20}$$

②多项式（polynomial）函数：

$$K\left(x_i,x_j\right)=\gamma x_i^Tx_i+C \tag{3-21}$$

③径向基函数（RBF）：

$$K\left(x_i,x_j\right)=\exp\left(-\gamma\left\|x_i-x_j\right\|^2\right)\quad\gamma>0 \tag{3-22}$$

第六步，设求解（3-19）式得到的最优解为 $a = [a_1, a_2, \cdots, a_l]$，$a^* = [a_1^*, a_2^*, \cdots, a_l^*]$，则有：

$$\begin{cases} w^* = \sum_{i=1}^{l}(a_i - a_i^*)\Phi(x_i) \\ b^* = \dfrac{1}{N_{nsv}}\left\{\sum_{0<a_i<C}\left[y_i - \sum_{x_i \in SV}(a_i - a_i^*)K(x_i,x_j) - \varepsilon\right] + \sum_{0<a_i<C}\left[y_i - \sum_{x_j \in SV}(a_j - a_j^*)K(x_i,x_j) + \varepsilon\right]\right\} \end{cases} \tag{3-23}$$

式中，N_{nsv}为支持向量个数。

第七步，回归函数为

$$f(x) = w^*\Phi(x) + b^* = \sum_{i=1}^{l}(a_i - a_i^*)\Phi(x_i)\Phi(x) + b^* = \sum_{i=1}^{l}(a_i - a_i^*)K(x_i,x) + b^* \tag{3-24}$$

式中，只有部分参数$(a_i - a_i^*)$不为零，其对应的样本x_i即问题中的支持向量。

实现支持向量机回归模型，大体上可以分为以下几个步骤：

① 产生训练集、测试集。为了满足 libsvm 软件包相关函数调用格式的要求，产生的训练集、测试集应进行相应的转换。

② 创建、训练 SVR 回归模型。利用 libsvm 软件包中的函数 svmtrain 可以实现 SVR 回归模型的创建、训练。

③ 仿真测试。利用 libsvm 软件包中的函数 svmpredict 可以实现 SVR 回归模型的仿真测试。

④ 性能评价。利用函数 svmpredict 返回的均方误差 E 和决定系数 R^2，可以对所建立的 SVR 回归模型的性能进行评价。若性能没有达到要求，则可以通过修改模型参数、核函数类型等方法重新建立回归模型，直到满足要求为止。

3.3 模型预测效果的评价准则

在构建了股指期货与现货收益率预测模型之后，还需要对各个模型的预测效果进行评比，以进一步确定最优的股指期货与现货收益率预测模型。常见的效果衡量标准有以下三种评价指标：

1.均方误差（mean squared error，MSE）

$$MSE = \frac{1}{N}\sum_{i=1}^{N}\left(Y_i - \hat{Y}_i\right)^2 \tag{3-25}$$

2.平均绝对偏差（mean absolute deviation，MAD）

$$MAD = \frac{1}{N}\sum_{i=1}^{N}\left| Y_i - \hat{Y}_i \right| \tag{3-26}$$

3.平均绝对百分比误差（mean absolute percentage error，MAPE）

$$MAPE = \frac{1}{N}\sum_{i=1}^{N}\left|\frac{Y_i - \hat{Y}}{Y_i}\right| \tag{3-27}$$

式中，N表示样本容量，Y_i表示股指期货和现货收益率的实际值序列，$\hat{Y}_i$表示对应的股指期货和现货收益率的预测值序列。指标值越小，表示模型预测效果越佳；反之，预测效果越差。

3.4 样本数据的整理分析

3.4.1 样本数据的选取

本章选择沪深300股指期货与现货的日收益率序列数据作为样本数据。2005年4月8日，中证指数有限公司沪深300指数（CSI300Index）正式在交易所行情系统上线运行，截止到目前，沪深300指数走过了17个年头。沪深300股指期货是以沪深300指数现货作为标的物的期货品种，2010年4月16日由中国金融期货交易所推出。沪深300股指期货在交易日会同时存在四种交易合约：当月交割合约、下月交割合约、下季交割合约及隔季交割合约。无论从成交量还是从成交金额来讲，在四种交易合约中，当月交割合约都占有非常大的比例，鉴于此，本书选用的沪深300股指期货日收益率序列数据就是由当月合约日收盘价连续数据计算而得。

图3-4、图3-5分别为2010年4月16日至2021年12月31日区间内的沪深300股指期货当月合约日收盘价和沪深300指数现货日收盘价连续数据走势图。

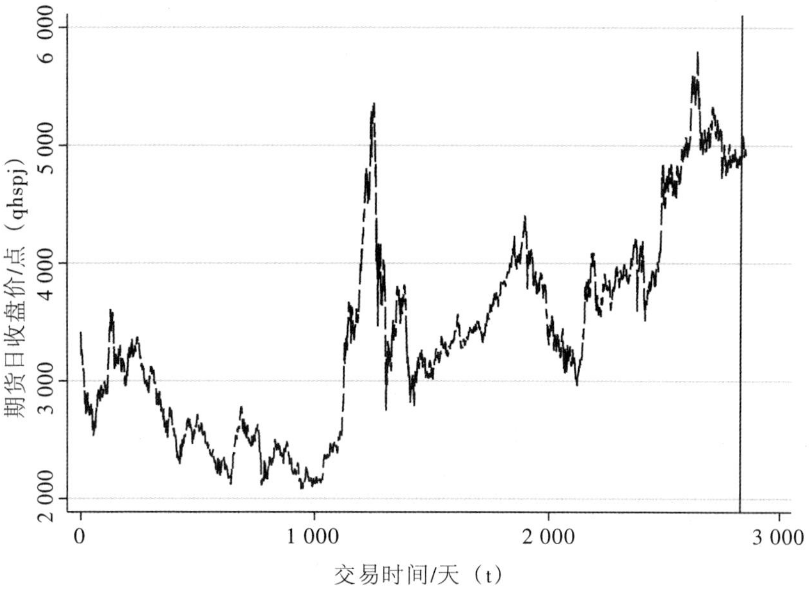

图 3-4　股指期货当月合约日收盘价连续数据走势图

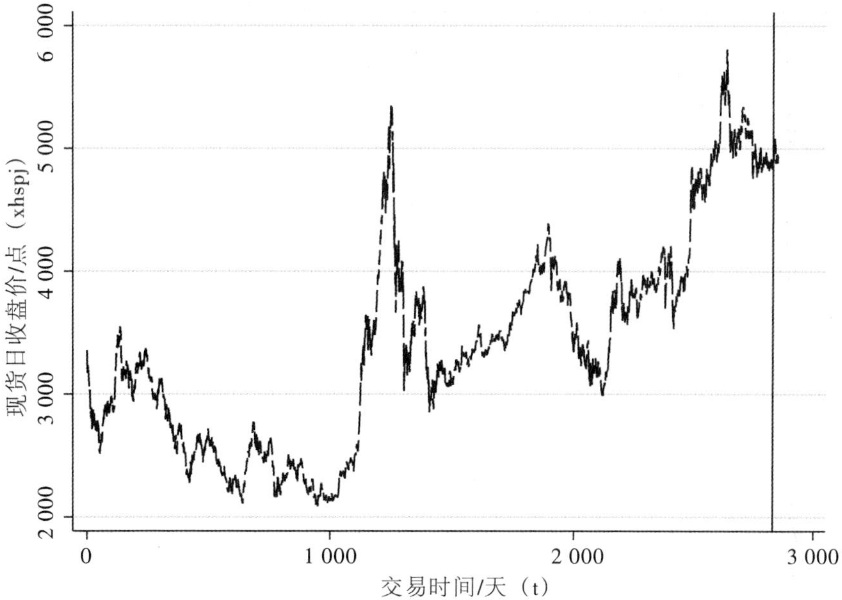

图 3-5　现货日收盘价连续数据走势图

在日收益率的计算方面，本书的做法是：首先将股指期货日收盘价和现货日收盘价分别取自然对数，再以自然对数差分形式表征日收益率。

具体计算公式如下：

$$r_t = \left(\ln p_t - \ln p_{t-1}\right) \times 100 \tag{3-28}$$

式中，r_t为第t期的日收益率，p_t为第t日的收盘价，p_{t-1}为第t-1日的收盘价，ln为自然对数。股指期货和现货日收益率连续数据走势分别如图3-6、图3-7所示。日收益率数据区间段为2010年4月19日至2021年12月31日。

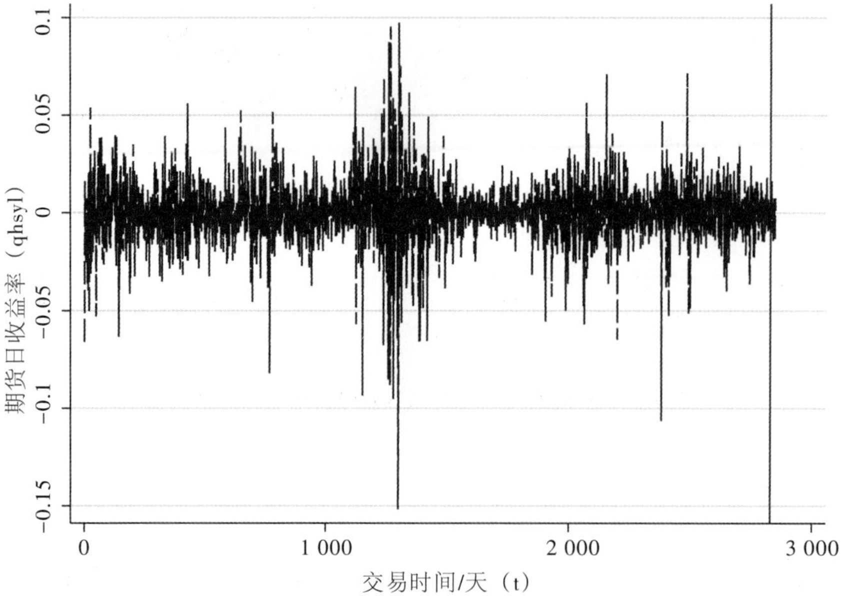

图3-6 股指期货收益率连续数据走势图

从图3-4至图3-7可以看到，股指期货和现货日收盘价波动范围值比较大，由此生成的日收益率的波动范围值也较大，波动范围值较大将会对模型预测的准确度产生较为显著的影响。为了提高模型预测的准确度，我们在把数据输入预测模型前，先对数据的平整性进行处理，即进行数据归一化处理。数据归一化就是将无序的波动数据限制在一个区间内。本章的数据归一化方法选择的数学表达式如下：

$$x = \frac{\left(y - \min y\right)}{\max y - \min y} + 1 \tag{3-29}$$

式中，y为原始数据，$\max y$和$\min y$分别为原始数据y的最大值和最小值，x代表归一化后的数据。从式（3-29）可以看到，归一化后的数据x恰好被限制在［1，2］区域内。

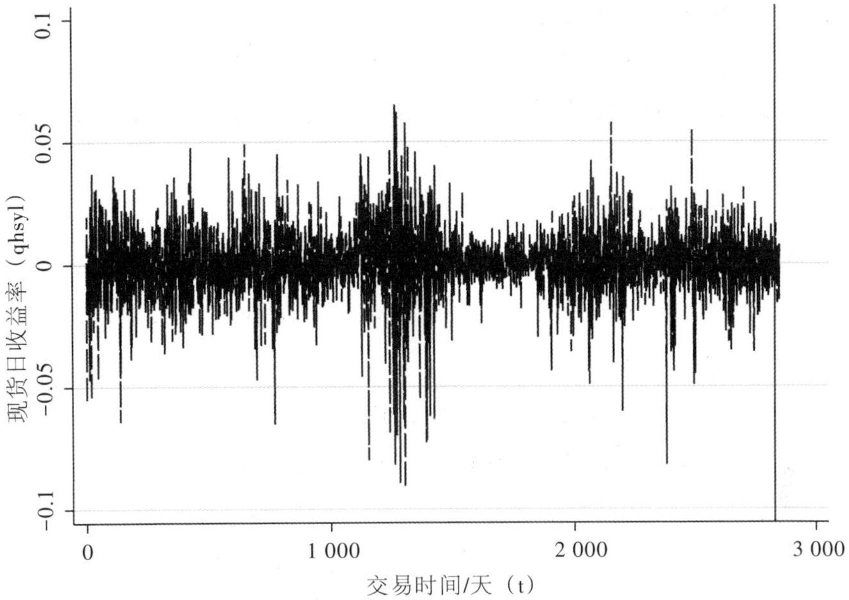

图3-7　现货收益率连续数据走势图

模型对数据预测后，为了获得预测数据，并与实际数据进行比对，需要对归一化数据进行反变换，具体的数学表达式如下：

$$y = (x - 1) * (\max y - \min y) + \min y \tag{3-30}$$

式中，x为归一化后的数据，y为反变换后的原始数据。

3.4.2　不同模型的收益率预测结果

1.ARIMA模型预测分析

（1）模型建构流程

在本章中，适当的ARIMA模型可由模型的适配度（goodness of fit）与模型的预测能力（forecast ability）来确定。在时间序列数据的实证研究中，常用信息准则AIC（Akaike information criterion）与BIC（Bayesian information criterion）作为模型适配度的判断指标。在具体操作时，AIC与BIC的选取应注意以下原则：

① 使用BIC作为选择模型的准则时，待估计参数的个数较少者有利，样本容量较大时较有一致性。

② 使用不同样本容量建模，使用BIC作为选择模型适配度的准则

时，相较AIC不一致状况更明显。

③ 要判断AIC与BIC是否有显著性差异，可利用模型估计算出的最大似然函数的检验统计量，也称为极大似然比检验（likelihood ratio test），其计算公式为：

$$LR = 2\left(\ln L_U - \ln L_R\right) \sim \chi^2(m) \tag{3-31}$$

式中，$\ln L_U$为无约束的似然函数最大值，$\ln L_R$为有约束的似然函数最大值，参数m为卡方"自由度"（degree of freedom）。原假设H_0：$\left(\ln L_U - \ln L_R\right)$不应该很大。

ARIMA模型由数据处理、模型识别、模型检验、数据预测四个模块组成。本章中，具体的ARIMA模型的构建有以下几个步骤：

① 数据处理。对沪深300股指期货与现货收益率序列数据的平稳性进行检验。平稳性是时间序列模型建立的前提，在得到一组样本数据后，首先要进行数据的平稳性检验，通过常用的单位根检验法进行判断即可。如果时间序列不平稳，则需要对序列数据进行差分处理。

② 模型识别。在建模程序中使用单位根检验法选择差分次数d。如果原始的时间序列数据是平稳的，则$d=0$；否则，对原始时间序列数据进行差分处理，直到变为平稳的时间序列为止，此时的差分次数记为d，然后用信息准则选择p和q。

③ 模型检验。在确定模型的滞后阶数后，要对模型的残差是否为白噪声进行检验，以便验证所选择的模型能否较好地拟合数据。通过检验就可以用这个模型进行下一步的数据预测。

④ 数据预测。用构建好的模型对沪深300股指期货与现货收益率进行预测，通常来讲，用构建的模型进行短期收益率预测效果较好。

（2）模型滞后阶数的确定

从图3-6、图3-7来看，在样本区间内，股指期货和现货的收益率随着时间的推移围绕收益率等于零的直线上下波动。为了从量化角度确认股指期货与现货收益率数据序列是否为平稳时间序列数据，下面对两种收益率数据序列分别进行单位根检验（限于章节安排，常用的单位根检验方法放在后续章节进行阐述）。首先进行目前最为有效的DF-GLS

和KPSS单位根检验，检验结果见表3-5至表3-8。

表3-5　　股指期货收益率（qhsyl）DF-GLS单位根检验

lags	DF-GLS Test Statistic	1% Critical Value	5% Critical Value	10% Critical Value
1	-10.687	-3.48	-2.845	-2.557
2	-7.64	-3.48	-2.844	-2.556
3	-5.842	-3.48	-2.844	-2.556
4	-4.749	-3.48	-2.843	-2.556
5	-4.192	-3.48	-2.843	-2.555
6	-3.695	-3.48	-2.842	-2.555
7	-3.28	-3.48	-2.842	-2.554
8	-3.012	-3.48	-2.842	-2.554
9	-2.87	-3.48	-2.841	-2.553
10	-2.709	-3.48	-2.841	-2.553
11	-2.547	-3.48	-2.84	-2.553
12	-2.345	-3.48	-2.84	-2.552

表3-6　　现货收益率（xhsyl）DF-GLS单位根检验

lags	DF-GLS Test Statistic	1% Critical Value	5% Critical Value	10% Critical Value
1	-11.407	-3.48	-2.845	-2.557
2	-8.071	-3.48	-2.844	-2.556
3	-6.273	-3.48	-2.844	-2.556
4	-5.238	-3.48	-2.843	-2.556
5	-4.796	-3.48	-2.843	-2.555
6	-4.057	-3.48	-2.842	-2.555
7	-3.576	-3.48	-2.842	-2.554
8	-3.204	-3.48	-2.842	-2.554
9	-3.009	-3.48	-2.841	-2.553
10	-2.845	-3.48	-2.841	-2.553
11	-2.666	-3.48	-2.84	-2.553
12	-2.452	-3.48	-2.84	-2.552

表3-7 股指期货收益率（qhsyl）KPSS单位根检验

10%：0.347	5%：0.463	2.5%：0.574	1%：0.739
Lag order	Test statistic	Lag order	Test statistic
0	0.113	7	0.117
1	0.112	8	0.116
2	0.115	9	0.115
3	0.117	10	0.115
4	0.118	11	0.116
5	0.117	12	0.116
6	0.117		

表3-8 现货收益率（xhsyl）KPSS单位根检验

10%：0.347	5%：0.463	2.5%：0.574	1%：0.739
Lag order	Test statistic	Lag order	Test statistic
0	0.128	7	0.125
1	0.125	8	0.124
2	0.126	9	0.123
3	0.126	10	0.122
4	0.124	11	0.122
5	0.123	12	0.122
6	0.125		

表3-5显示，对于股指期货收益率数据序列，从1阶至9阶滞后，检验统计量均小于5%的临界值，故可在5%的水平上拒绝“存在单位根”的原假设，即认为qhsyl为平稳过程。

表3-6显示，对于现货收益率数据序列，从1阶至10阶滞后，检验统计量均小于5%的临界值，故可在5%的水平上拒绝“存在单位根”的原假设，即认为xhsyl为平稳过程。

表 3-7 显示，5% 的临界值为 0.463，对于股指期货收益率数据序列，从 0 阶至 12 阶滞后，其检验统计量均小于 0.463。由于 KPSS 检验为右边单侧检验，故可在 5% 的水平上接受“平稳序列”的原假设。

表 3-8 显示，对于股指现货收益率数据序列，从 0 阶至 12 阶滞后，其检验统计量也均小于 0.463。由于 KPSS 检验为右边单侧检验，故可在 5% 的水平上接受“平稳序列”的原假设。

综上所述，以上两种单位根检验结果验证了股指期货与现货收益率数据序列不存在单位根，可以接受股指期货与现货收益率数据序列均为平稳时间序列数据。

为了针对股指期货与现货收益率分别建立 ARMA 模型，需要确定它们各自的滞后阶数。计算其自相关与偏自相关系数，结果见表 3-9、表 3-10。

表3-9　**股指期货收益率前10阶自相关与偏自相关系数**

LAG	AC	PAC	Q	Prob>Q
1	0.005	0.005	0.07211	0.7883
2	-0.0434	-0.0435	5.4528	0.0655
3	-0.0131	-0.0127	5.9428	0.1144
4	0.0266	0.025	7.9663	0.0928
5	0.0238	0.0225	9.5877	0.0878
6	-0.016	-0.0143	10.314	0.112
7	0.007	0.0098	10.453	0.1643
8	0.0264	0.025	12.449	0.1323
9	0.0014	0.0002	12.454	0.1889
10	-0.0353	-0.033	16.027	0.0989

表3-10　　现货收益率前10阶自相关与偏自相关系数

LAG	AC	PAC	Q	Prob>Q
1	0.0252	0.0252	1.8174	0.1776
2	−0.0294	−0.0301	4.2866	0.1173
3	0.0182	0.0197	5.2295	0.1557
4	0.0235	0.0218	6.8085	0.1464
5	−0.001	−0.0012	6.8115	0.235
6	−0.0632	−0.0623	18.218	0.0057
7	0.0402	0.0429	22.832	0.0018
8	0.0289	0.0228	25.225	0.0014
9	0.0252	0.0287	27.045	0.0014
10	−0.0165	−0.0155	27.822	0.0019

表3-9显示，股指期货收益率数据序列从第2阶开始，在10%的水平上Q统计量就变得比较显著（p值为0.0655）。

表3-10显示，现货收益率数据序列从第6阶开始，在5%的水平上Q统计量就变得非常显著（p值为0.0057）。

为了更直观地了解，可以考察它们各自的自相关图（如图3-8、图3-9所示）与偏自相关图（如图3-10、图3-11所示）。

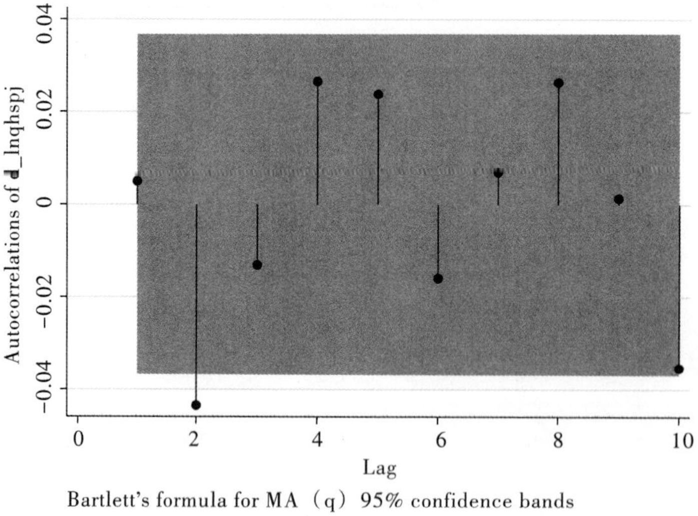

注："Lag"表示滞后阶数，"Autocorrelations of d_lnqhspj"表示期货收益率自相关系数。

图3-8　期货收益率自相关图

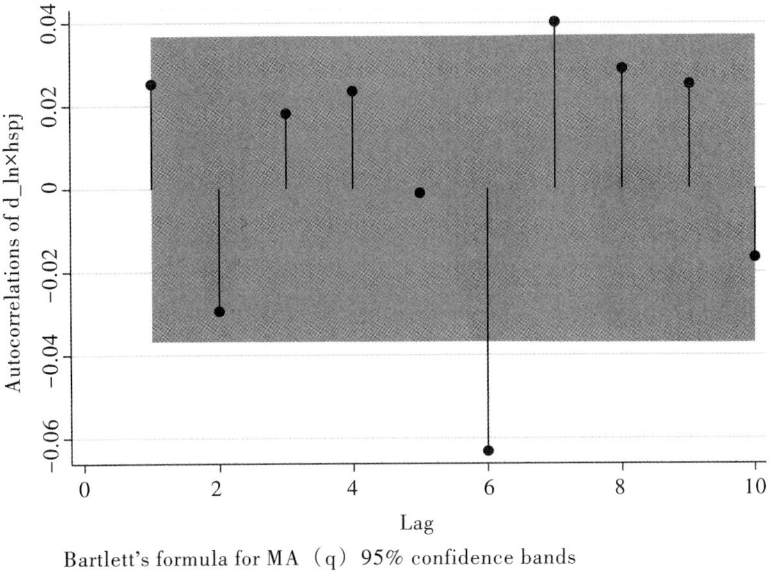

注："Lag" 表示滞后阶数，"Autocorrelations of d_lnxhspj" 表示现货收益率自相关系数。

图 3-9 现货收益率自相关图

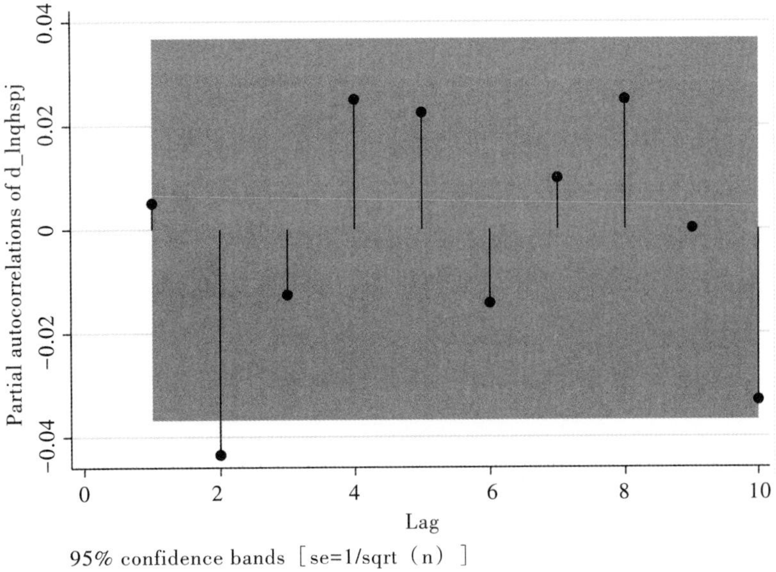

注："Lag" 表示滞后阶数，"Partial autocorrelations of d_lnqhspj" 表示期货收益率偏自相关系数。

图 3-10 期货收益率偏自相关图

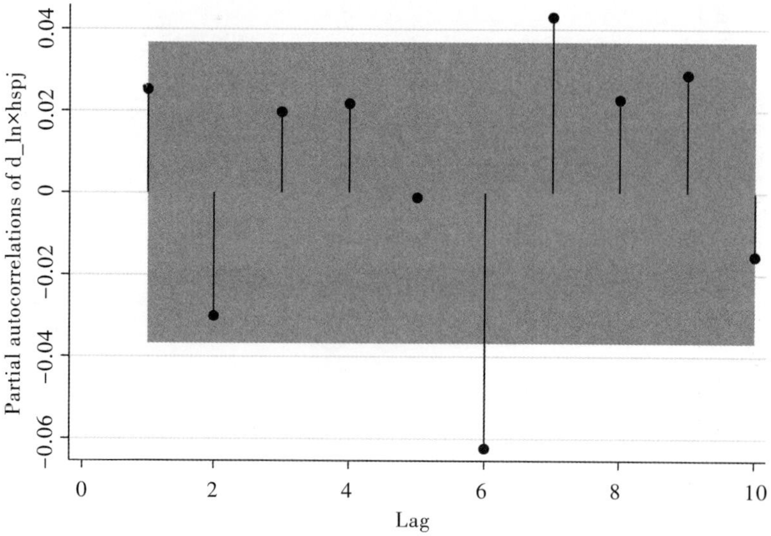

注："Lag"表示滞后阶数，"Partial autocorrelations of d_lnxhspj"表示现货收益率偏自相关系数。

图3-11 现货收益率偏自相关图

股指期货收益率的自相关和偏自相关图（如图3-8和图3-10所示）显示，从第2阶开始，自相关系数与偏自相关系数均存在断尾现象，故首先估计ARMA（2，0）模型，结果见表3-11。

表3-11 期货收益率预测ARMA（2,0）模型估计结果（一）

d_qhspj	coef	std.err	z	p>|z|
_cons	0.000129	0.000306	0.42	0.674
ar-L1	0.005173	0.0094	0.55	0.582
ar-L2	−0.043985	0.0105651	−4.16	0.000

期货收益率预测信息准则结果见表3-12。

表3-12 期货收益率预测信息准则结果（一）

obs	ll（null）	ll（model）	df	AIC	BIC
2 828		7 688.67	4	−15 369.4	−15 345.6

检验其残差项是否存在自相关，结果见表3-13。

表3-13 **期货收益率预测ARMA（2,0）模型残差自相关检验结果**

LAG	AC	PAC	Q	Prob>Q
1	-0.0005	-0.0005	0.00066	0.9795
2	0.0017	0.0017	0.00871	0.9957
3	-0.0118	-0.0118	0.40506	0.9392
4	0.0241	0.0241	2.0562	0.7254
5	0.0236	0.0237	3.6457	0.6015
6	-0.0138	-0.0141	4.1927	0.6506
7	0.0081	0.0086	4.3781	0.7353
8	0.0242	0.0244	6.0548	0.6411
9	0.0008	-0.0008	6.0566	0.7342
10	-0.0339	-0.0337	9.338	0.5004

结果表明，可以接受残差项“无自相关”的原假设（检验至第10阶自相关）。

接着估计期货收益率预测ARMA（0，2）模型，结果见表3-14。

表3-14 **期货收益率预测ARMA（0,2）模型估计结果**

d_qhspj	coef	std.err	z	p>|z|
_cons	0.000129	0.000306	0.42	0.674
ma-L1	0.004178	0.009415	0.44	0.657
ma-L2	-0.04174	0.010387	-4.02	0.000

期货收益率预测信息准则结果见表3-15。

表3-15 **期货收益率预测信息准则结果（二）**

obs	ll（null）	ll（model）	df	AIC	BIC
2 828		7 688.528	4	-15 369.1	-15 345.3

检验其残差项是否存在自相关，结果见表3-16。

表3-16 **期货收益率预测ARMA（0,2）模型残差自相关检验结果**

LAG	AC	PAC	Q	Prob>Q
1	0.0006	0.0006	0.00086	0.9765
2	−0.0007	−0.0007	0.00208	0.999
3	−0.0122	−0.0122	0.42628	0.9348
4	0.026	0.026	2.3512	0.6715
5	0.0236	0.0236	3.9424	0.5577
6	−0.014	−0.0142	4.5003	0.6093
7	0.008	0.0087	4.6812	0.6988
8	0.0244	0.0244	6.3809	0.6046
9	0.001	−0.0007	6.3835	0.701
10	−0.0341	−0.0338	9.7111	0.4662

比较ARMA（2，0）与ARMA（0，2）的信息准则，可以发现ARMA（2，0）的信息准则值比ARMA（0，2）的信息准则值更优。综上所述，可以得出股指期货收益率序列适合ARMA（2，0）模型。但是，从期货收益率预测ARMA（2，0）模型估计结果（见表3-11）可以看到，ar-L1的p值在5%的水平上非常不显著，按照构建模型的简化原则，故将一阶滞后值略去，再次估计ARMA（2，0），结果见表3-17。

表3-17 **期货收益率预测ARMA（2,0）模型估计结果（二）**

d_qhspj	coef	std.err	z	p>|z|
_cons	0.000129	0.000304	0.42	0.672
ar-L2	−0.04394	0.010515	−4.18	0.000

接着建立现货收益率ARMA模型。

股指现货收益率的自相关和偏自相关图（如图3-9和图3-11所示）显示，从第6阶开始，由于自相关系数与偏自相关系数均存在拖尾现象，按照构建模型的简化原则，并参考各模型的信息准则值，最终确定股指现货的收益率模型为ARMA（3，3），最后结果见表3-18、表3-19。

表3-18　现货收益率预测ARMA（3,3）模型估计结果

d_xhspj	coef	std.err	z	p>|z|
_cons	0.000134	0.0003	0.45	0.655
ar-L1	0.274815	0.257956	1.07	0.287
ar-L2	-0.97189	0.037643	-25.82	0.000
ar-L3	0.120169	0.247657	0.49	0.628
ma-L1	-0.24947	0.260966	-0.96	0.339
ma-L2	0.946367	0.043739	21.64	0.000
ma-L3	-0.06627	0.244887	-0.27	0.787

表3-19　现货收益率预测信息准则结果

Model	obs	ll（null）	ll（model）	df	AIC	BIC
arma（3,3）	2 828		7 987.06	8	-15 958.1	-15 910.5
arma（6,6）	2 828		7 997.102	14	-15 966.2	-15 882.9
arma（7,7）	2 828		7 996.009	16	-15 960	-15 864.9

（3）预测结果分析

结合ARIMA模型以及最优（p，d，q）的选择，对目标样本进行预测，并选取20组预测收益率与对应的实际收益率数据（收益率数据序列的最后20组数据）进行误差比较。首先，对股指期货样本外实际收益率与预测收益率进行误差比较，比较结果如图3-12及表3-20所示。

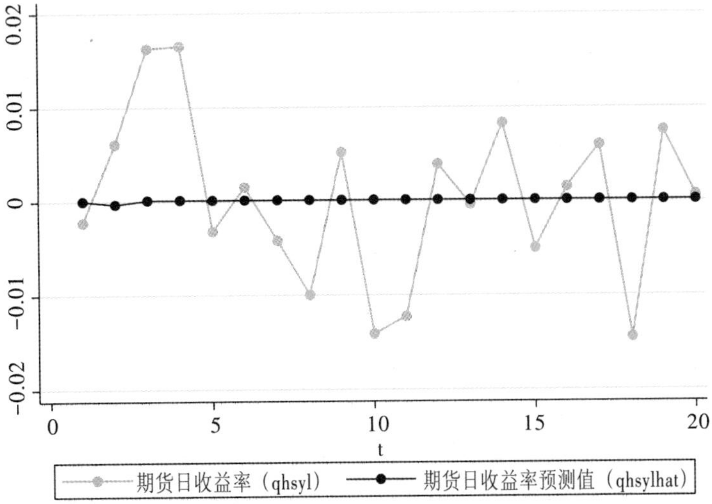

图3-12　期货实际收益率与预测收益率走势对比（ARMA）

表3-20 **期货实际收益率与预测收益率误差对比（ARMA）**

交易时间	实际收益率	预测收益率	绝对误差	相对误差（%）
2021/12/6	−0.002244	0.0000312	0.002275	1.013904
2021/12/7	0.0060692	−0.0002939	0.006363	1.048425
2021/12/8	0.0162725	0.0001331	0.016139	0.991821
2021/12/9	0.0165234	0.0001473	0.016376	0.991085
2021/12/10	−0.0031881	0.0001286	0.003317	1.040338
2021/12/13	0.0014973	0.000128	0.001369	0.914513
2021/12/14	−0.0041819	0.0001288	0.004311	1.030799
2021/12/15	−0.0099716	0.0001288	0.0101	1.012917
2021/12/16	0.0051775	0.0001288	0.005049	0.975123
2021/12/17	−0.0141211	0.0001288	0.01425	1.009121
2021/12/20	−0.0122814	0.0001288	0.01241	1.010487
2021/12/21	0.0039072	0.0001288	0.003778	0.967035
2021/12/22	−0.0003653	0.0001288	0.000494	1.352587
2021/12/23	0.008296	0.0001288	0.008167	0.984474
2021/12/24	−0.0050097	0.0001288	0.005139	1.02571
2021/12/27	0.0014973	0.0001288	0.001369	0.913979
2021/12/28	0.0059681	0.0001288	0.005839	0.978419
2021/12/29	−0.0144978	0.0001288	0.014627	1.008884
2021/12/30	0.0075178	0.0001288	0.007389	0.982867
2021/12/31	0.0006075	0.0001288	0.000479	0.787984
mean			0.006962	1.002024

接着，对现货样本外实际收益率与预测收益率进行误差比较，比较结果如图3-13及表3-21所示。

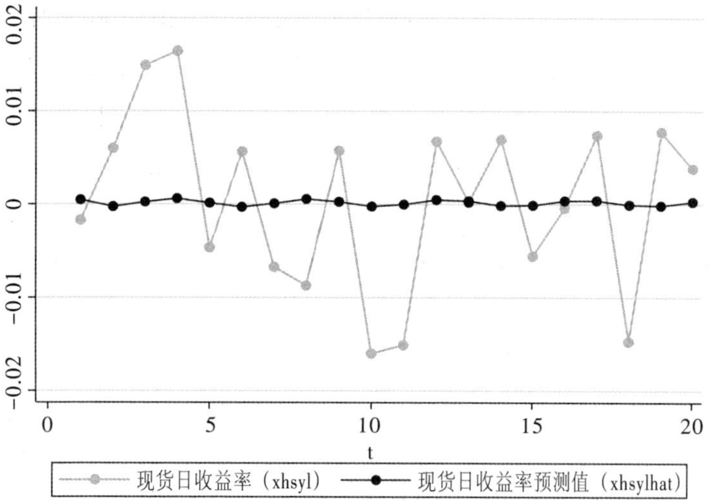

图3-13　现货实际收益率与预测收益率走势对比（ARMA）

表3-21　**现货实际收益率与预测收益率误差对比（ARMA）**

交易时间	实际收益率	预测收益率	绝对误差	相对误差（%）
2021/12/6	−0.00172	0.000457	0.002172	1.266811
2021/12/7	0.006007	−0.000278	0.006286	1.046361
2021/12/8	0.014888	0.000222	0.014666	0.985075
2021/12/9	0.01643	0.000598	0.015832	0.963627
2021/12/10	−0.00465	0.000126	0.004778	1.026999
2021/12/13	0.005658	−0.000309	0.005967	1.054559
2021/12/14	−0.00673	0.000076	0.006807	1.011246
2021/12/15	−0.00871	0.000547	0.009258	1.062772
2021/12/16	0.005743	0.00025	0.005493	0.956399
2021/12/17	−0.01601	−0.000243	0.015769	0.984848
2021/12/20	−0.01512	−0.000034	0.015085	0.997784
2021/12/21	0.006753	0.000468	0.006286	0.930772
2021/12/22	0.000197	0.000343	0.000145	0.736575
2021/12/23	0.006952	−0.000153	0.007106	1.022065
2021/12/24	−0.00555	−0.000108	0.005443	0.980491
2021/12/27	−0.00041	0.000371	0.000782	1.90365
2021/12/28	0.007422	0.0004	0.007022	0.946143
2021/12/29	−0.01473	−0.000053	0.014681	0.996383
2021/12/30	0.007757	−0.000148	0.007905	1.019027
2021/12/31	0.003826	0.00027	0.003556	0.929406
mean			0.007752	1.04105

首先，从图3-12、图3-13可以看出，采用ARMA模型对股指期货与现货收益率进行预测，无论从股指期货收益率预测值连线来看，还是从股指现货收益率预测值连线来看，基本上都呈现直线状态，与收益率实际值连线差距非常大，样本外数据的预测效果非常差。其次，结合表3-20、表3-21中的具体数据也可以看到，ARMA模型收益率预测值与实际值的绝对误差的平均值和相对误差的平均值都较大，整体的预测准确度不高。

2. BPNN模型预测分析

（1）输入输出变量方程

本章的期货和现货日收盘价原始样本分别为2 849组日交易数据，输入变量分别为开盘价（x_1）、最高价（x_2）、最低价（x_3）、收盘价（x_4）、成交量（x_5）、成交金额（x_6）共计6个变量，即6个输入神经元，输入矩阵表征为：

$$input(x)=\left\{\begin{matrix} x_1^1, x_1^2, x_1^3, \cdots \\ x_2^1, x_2^2, x_2^3, \cdots \\ x_3^1, x_3^2, x_3^3, \cdots \\ x_4^1, x_4^2, x_4^3, \cdots \\ x_5^1, x_5^2, x_5^3, \cdots \\ x_6^1, x_6^2, x_6^3, \cdots \end{matrix}\right\} \tag{3-32}$$

输出矩阵表征为：

$$output(y)=\{y^1, y^2, y^3, \cdots\} \tag{3-33}$$

（2）样本训练过程

通过训练函数与学习函数的设计以及网络隐含层神经元数目的确定，对原始样本数据进行训练，利用简单验证与试错法搜寻最佳输入变量与最佳参数组合，获得BPNN模型最优训练样本。具体的数据输入输出运行过程通过软件Matlab来完成，这里不再详述。

（3）预测结果分析

结合BPNN模型以及最佳训练样本的选择，对股指期货和现货目标样本进行预测，同样用20组预测收益率与对应的实际收益率数据（收益率数据序列的最后20组数据）进行误差比较。

首先，对股指期货样本外实际收益率与预测收益率进行误差比较，如图3-14、图3-15、图3-16和表3-22、表3-23、表3-24所示。

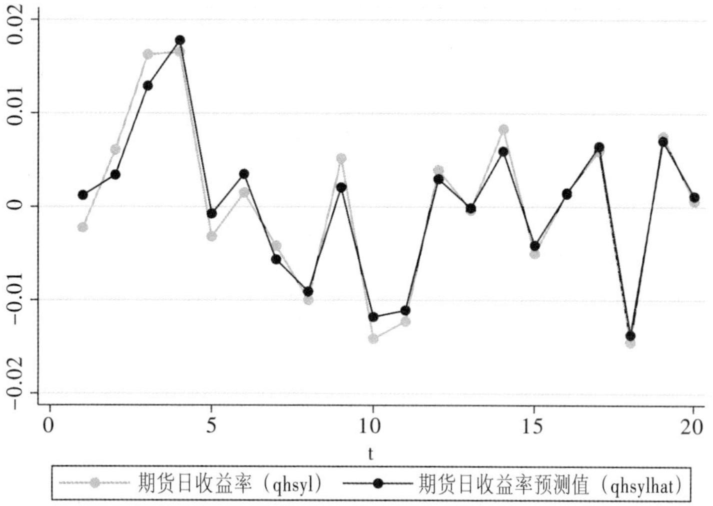

图3-14　期货实际收益率与预测收益率走势对比（NN）

从图3-14中可以看出，采用BPNN模型输出的期货收益率预测值与实际值的趋势基本一致，样本数据的拟合程度很高。再结合表3-22中的具体数据可以看到，BPNN模型输出的期货收益率预测值与实际值的绝对误差值为0.0015545，相对误差值为0.4101738，比ARMA模型的误差值低，整体的预测准确度比ARMA模型高。

表3-22　　**期货实际收益率与预测收益率误差对比（NN）**

交易时间	实际收益率	预测收益率	绝对误差	相对误差（%）
2021/12/6	−0.002244	0.0012083	0.003452	1.538458
2021/12/7	0.0060692	0.0033827	0.002687	0.442645
2021/12/8	0.0162725	0.0129108	0.003362	0.206588
2021/12/9	0.0165234	0.0177794	0.001256	0.076013
2021/12/10	−0.0031881	−0.0007448	0.002443	0.766381
2021/12/13	0.0014973	0.00348	0.001983	1.324183
2021/12/14	−0.0041819	−0.0056648	0.001483	0.3546

续表

交易时间	实际收益率	预测收益率	绝对误差	相对误差（%）
2021/12/15	−0.0099716	−0.009078	0.000894	0.089615
2021/12/16	0.0051775	0.0020628	0.003115	0.601584
2021/12/17	−0.0141211	−0.0117807	0.00234	0.165738
2021/12/20	−0.0122814	−0.0110855	0.001196	0.097375
2021/12/21	0.0039072	0.0029669	0.00094	0.240658
2021/12/22	−0.0003653	−0.0001183	0.000247	0.676157
2021/12/23	0.008296	0.0059366	0.002359	0.284402
2021/12/24	−0.0050097	−0.0040998	0.00091	0.181628
2021/12/27	0.0014973	0.0013828	0.000115	0.076471
2021/12/28	0.0059681	0.0064659	0.000498	0.08341
2021/12/29	−0.0144978	−0.0136948	0.000803	0.055388
2021/12/30	0.0075178	0.0070429	0.000475	0.06317
2021/12/31	0.0006075	0.0011415	0.000534	0.879012
mean			0.0015545	0.4101738

结合期货实际收益率与预测收益率的走势（如图3-15所示）以及期货实际收益率与预测收益率的误差对比（见表3-23）的具体数据可以看出，采用遗传算法（GA）优化后的BPNN模型输出的期货收益率预测值与实际值的趋势基本一致，样本数据的拟合程度也很高。并且，GA_BPNN模型输出的期货收益率预测值与实际值的绝对误差和相对误差均比优化前的BPNN模型低，其中绝对误差值为0.0006448，相对误差值为0.1840523，整体的预测准确度优于优化前的BPNN模型。

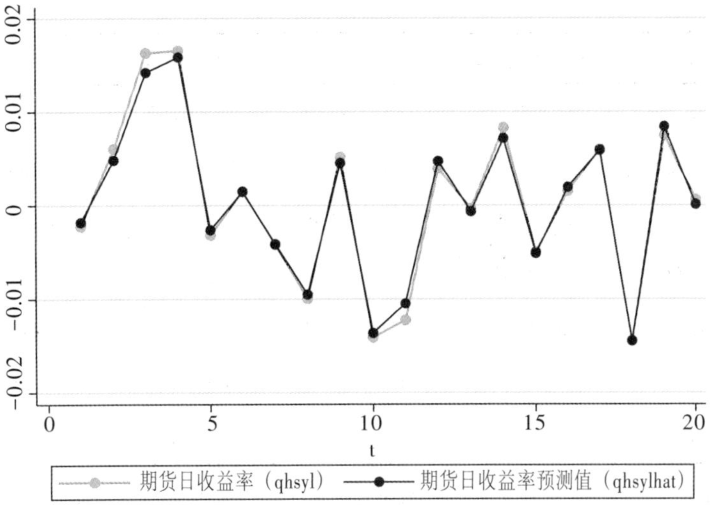

图3-15　期货实际收益率与预测收益率走势对比（GA-NN）

表3-23　期货实际收益率与预测收益率误差对比（GA-NN）

交易时间	实际收益率	预测收益率	绝对误差	相对误差（%）
2021/12/6	−0.002244	−0.0017967	0.000447	0.199332
2021/12/7	0.0060692	0.0048513	0.001218	0.200669
2021/12/8	0.0162725	0.0141869	0.002086	0.128167
2021/12/9	0.0165234	0.0158186	0.000705	0.042655
2021/12/10	−0.0031881	−0.0026245	0.000564	0.176782
2021/12/13	0.0014973	0.0014496	4.77E−05	0.031857
2021/12/14	−0.0041819	−0.0041189	0.000063	0.015065
2021/12/15	−0.0099716	−0.0095081	0.000464	0.046482
2021/12/16	0.0051775	0.0045328	0.000645	0.12452
2021/12/17	−0.0141211	−0.0136623	0.000459	0.03249
2021/12/20	−0.0122814	−0.0104828	0.001799	0.146449
2021/12/21	0.0039072	0.0047274	0.00082	0.20992
2021/12/22	−0.0003653	−0.0006838	0.000319	0.871886
2021/12/23	0.008296	0.0071449	0.001151	0.138754

续表

交易时间	实际收益率	预测收益率	绝对误差	相对误差（%）
2021/12/24	-0.0050097	-0.0051517	0.000142	0.028345
2021/12/27	0.0014973	0.0019226	0.000425	0.284045
2021/12/28	0.0059681	0.0058708	9.73E-05	0.016303
2021/12/29	-0.0144978	-0.0145206	2.28E-05	0.001573
2021/12/30	0.0075178	0.0084143	0.000897	0.11925
2021/12/31	0.0006075	0.0000811	0.000526	0.866502
mean			0.0006448	0.1840523

结合期货实际收益率与预测收益率的走势（如图3-16所示）以及期货实际收益率与预测收益率的误差对比（见表3-24）的具体数据可以看出，采用粒子群算法（PSO）优化后的BPNN模型输出的期货收益率预测值与实际值的趋势基本一致，样本数据的拟合程度较高。并且，PSO_BPNN模型输出的期货收益率预测值与实际值的绝对误差和相对误差均比BPNN模型低，其中绝对误差值为0.0011398，相对误差值为0.3990592，整体的预测准确度虽然低于遗传算法（GA）优化后的BPNN模型，但优于优化前的BPNN模型。

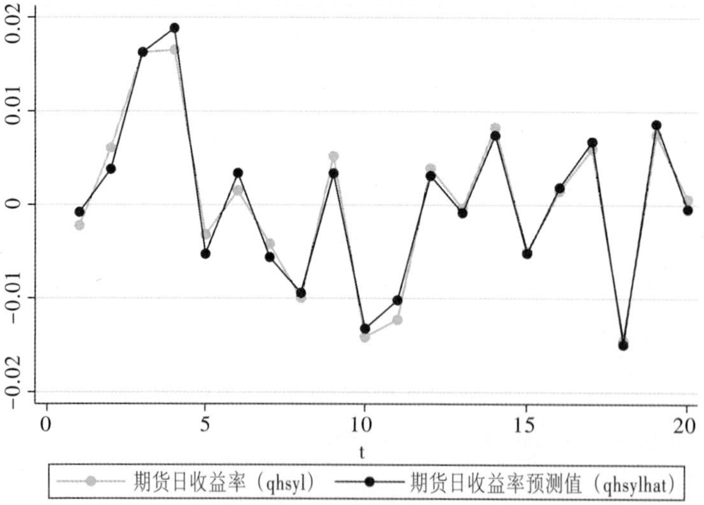

图3-16 期货实际收益率与预测收益率走势对比（PSO-NN）

表3-24　**期货实际收益率与预测收益率误差对比（PSO-NN）**

交易时间	实际收益率	预测收益率	绝对误差	相对误差（%）
2021/12/6	−0.002244	−0.0008011	0.001443	0.643004
2021/12/7	0.0060692	0.0037823	0.002287	0.376804
2021/12/8	0.0162725	0.0162706	1.90E−06	0.000117
2021/12/9	0.0165234	0.0188456	0.002322	0.14054
2021/12/10	−0.0031881	−0.005249	0.002061	0.646435
2021/12/13	0.0014973	0.0033588	0.001862	1.243238
2021/12/14	−0.0041819	−0.0055904	0.001409	0.336809
2021/12/15	−0.0099716	−0.0094385	0.000533	0.053462
2021/12/16	0.0051775	0.0033417	0.001836	0.354573
2021/12/17	−0.0141211	−0.0132322	0.000889	0.062948
2021/12/20	−0.0122814	−0.0102034	0.002078	0.169199
2021/12/21	0.0039072	0.0031033	0.000804	0.205748
2021/12/22	−0.0003653	−0.0008497	0.000484	1.326033
2021/12/23	0.008296	0.0074472	0.000849	0.102314
2021/12/24	−0.0050097	−0.0051603	0.000151	0.030062
2021/12/27	0.0014973	0.0018644	0.000367	0.245175
2021/12/28	0.0059681	0.006753	0.000785	0.131516
2021/12/29	−0.0144978	−0.0149298	0.000432	0.029798
2021/12/30	0.0075178	0.0086708	0.001153	0.153369
2021/12/31	0.0006075	−0.0004435	0.001051	1.730041
mean			0.0011398	0.3990592

接着，对现货样本外实际收益率与预测收益率进行误差比较，如图3-17、图3-18、图3-19和表3-25、表3-26、表3-27所示。

从图3-17中可以看出，采用BPNN模型输出的现货收益率预测值与实际值的趋势基本一致，样本数据的拟合程度较高。再结合表3-25中的具体数据可以看到，BPNN模型输出的现货收益率预测值与实际值的绝对误差值为0.0006744，相对误差值为0.2249609，比ARMA模型低，整体的预测准确度比ARMA模型高。

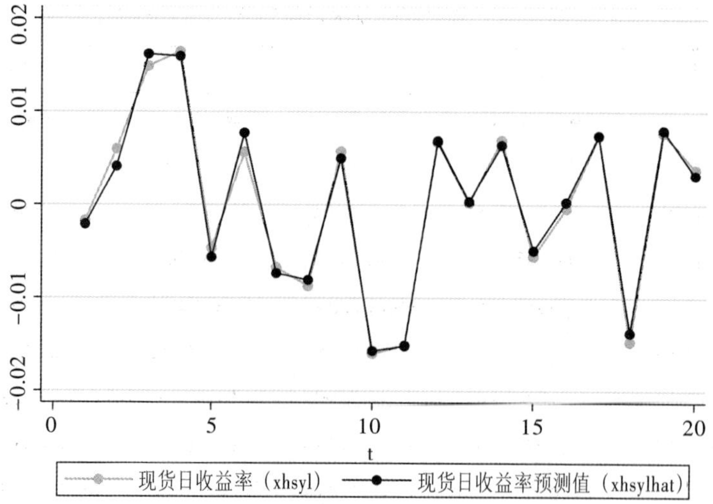

图3-17 现货实际收益率与预测收益率走势对比（NN）

表3-25 现货实际收益率与预测收益率误差对比（NN）

交易时间	实际收益率	预测收益率	绝对误差	相对误差（%）
2021/12/6	-0.0017147	-0.0021172	0.000403	0.234735
2021/12/7	0.0060072	0.0041351	0.001872	0.311643
2021/12/8	0.0148878	0.0161486	0.001261	0.084687
2021/12/9	0.0164299	0.0159149	0.000515	0.031345
2021/12/10	-0.004652	-0.0056381	0.000986	0.211973
2021/12/13	0.0056581	0.0077314	0.002073	0.366431
2021/12/14	-0.006731	-0.0073566	0.000626	0.092943
2021/12/15	-0.0087109	-0.0080748	0.000636	0.073024
2021/12/16	0.005743	0.0050154	0.000728	0.126693
2021/12/17	-0.0160112	-0.0157213	0.00029	0.018106
2021/12/20	-0.0151186	-0.0151958	7.72E-05	0.005106
2021/12/21	0.006753	0.0068884	0.000135	0.02005
2021/12/22	0.0001974	0.0003538	0.000156	0.7923
2021/12/23	0.0069523	0.0064163	0.000536	0.077097
2021/12/24	-0.0055513	-0.0049238	0.000628	0.113037
2021/12/27	-0.000411	0.0002756	0.000687	1.67056

续表

交易时间	实际收益率	预测收益率	绝对误差	相对误差（%）
2021/12/28	0.0074215	0.0074501	2.86E-05	0.003854
2021/12/29	-0.0147343	-0.0137844	0.00095	0.064469
2021/12/30	0.0077572	0.0080185	0.000261	0.033685
2021/12/31	0.0038261	0.0031853	0.000641	0.167481
mean			0.0006744	0.2249609

结合现货实际收益率与预测收益率的走势（如图3-18所示）以及现货实际收益率与预测收益率的误差对比（见表3-26）的具体数据可以看出，采用遗传算法（GA）优化后的BPNN模型输出的现货收益率预测值与实际值的趋势虽基本一致，样本数据的拟合程度也尚可。但是，也可以看到，GA_BPNN模型输出的现货收益率预测值与实际值的绝对误差和相对误差均比BPNN模型要高，其中绝对误差值为0.001168，相对误差值为0.3977891，整体的预测准确度不如优化前的BPNN模型。针对出现的这种结果，经过使用统计软件反复检验，我们判断与遗传算法（GA）预设的终止进化代数选择有关，尽管从理论推导上来讲，经过遗传算法（GA）优化后的BPNN模型得出的预测值应该优于优化前的BPNN模型得出的预测值。

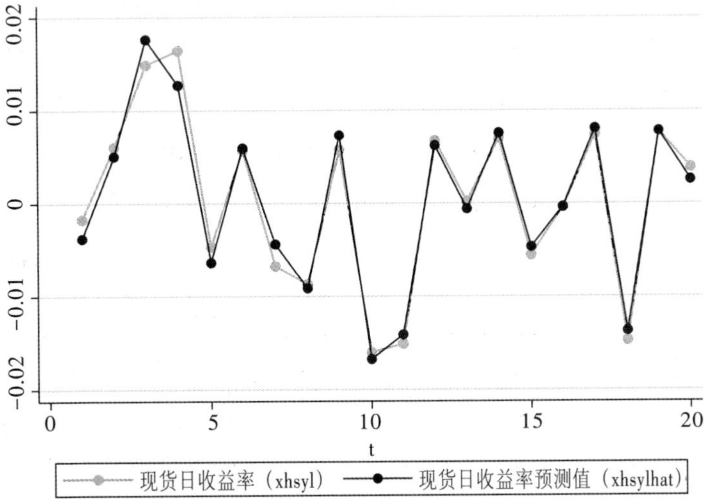

图3-18　现货实际收益率与预测收益率走势对比（GA-NN）

表3-26 **现货实际收益率与预测收益率误差对比（GA-NN）**

交易时间	实际收益率	预测收益率	绝对误差	相对误差（%）
2021/12/6	−0.0017147	−0.0037746	0.00206	1.201318
2021/12/7	0.0060072	0.0050364	0.000971	0.161606
2021/12/8	0.0148878	0.0176258	0.002738	0.183909
2021/12/9	0.0164299	0.0127115	0.003718	0.226319
2021/12/10	−0.004652	−0.0063448	0.001693	0.363887
2021/12/13	0.0056581	0.0059175	0.000259	0.045846
2021/12/14	−0.006731	−0.0043917	0.002339	0.347541
2021/12/15	−0.0087109	−0.0091372	0.000426	0.048939
2021/12/16	0.005743	0.0072889	0.001546	0.26918
2021/12/17	−0.0160112	−0.0167551	0.000744	0.046461
2021/12/20	−0.0151186	−0.0141249	0.000994	0.065727
2021/12/21	0.006753	0.0061741	0.000579	0.085725
2021/12/22	0.0001974	−0.0006075	0.000805	4.077507
2021/12/23	0.0069523	0.007555	0.000603	0.086691
2021/12/24	−0.0055513	−0.0046778	0.000874	0.157351
2021/12/27	−0.000411	−0.0003738	3.72E−05	0.090511
2021/12/28	0.0074215	0.0080423	0.000621	0.083649
2021/12/29	−0.0147343	−0.0137005	0.001034	0.070163
2021/12/30	0.0077572	0.0077667	9.50E−06	0.001225
2021/12/31	0.0038261	0.0025167	0.001309	0.342228
mean			0.001168	0.3977891

结合现货实际收益率与预测收益率的走势（如图3-19所示）以及现货实际收益率与预测收益率的误差对比（见表3-27）的具体数据可以看出，采用粒子群算法（PSO）优化后的BPNN模型输出的现货收益率预测值与实际值的趋势基本一致，样本数据的拟合程度很高。并且，

PSO_BPNN模型输出的现货收益率预测值与实际值的绝对误差和相对误差均比优化前的BPNN模型低，其中绝对误差值为0.0004646，相对误差值为0.1739815，整体的预测准确度优于优化前的BPNN模型。

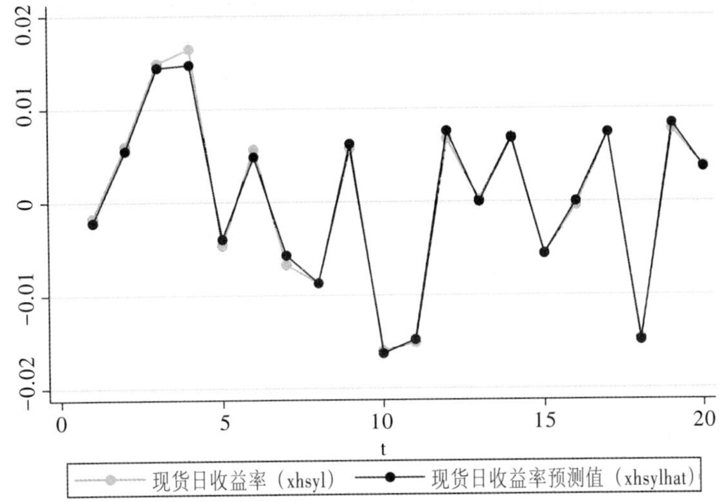

图3-19　现货实际收益率与预测收益率走势对比（PSO-NN）

表3-27　现货实际收益率与预测收益率误差对比（PSO-NN）

交易时间	实际收益率	预测收益率	绝对误差	相对误差（%）
2021/12/6	−0.0017147	−0.0022011	0.000486	0.283665
2021/12/7	0.0060072	0.0055237	0.000484	0.080487
2021/12/8	0.0148878	0.0144091	0.000479	0.032154
2021/12/9	0.0164299	0.0147171	0.001713	0.104249
2021/12/10	−0.004652	−0.0039816	0.00067	0.14411
2021/12/13	0.0056581	0.0048542	0.000804	0.14208
2021/12/14	−0.006731	−0.0057268	0.001004	0.14919
2021/12/15	−0.0087109	−0.0087166	5.70E−06	0.000654
2021/12/16	0.005743	0.0062227	0.00048	0.083528
2021/12/17	−0.0160112	−0.0162764	0.000265	0.016563

续表

交易时间	实际收益率	预测收益率	绝对误差	相对误差（%）
2021/12/20	-0.0151186	-0.014801	0.000318	0.021007
2021/12/21	0.006753	0.0075874	0.000834	0.12356
2021/12/22	0.0001974	-0.0000181	0.000216	1.091692
2021/12/23	0.0069523	0.0068254	0.000127	0.018253
2021/12/24	-0.0055513	-0.0055847	3.34E-05	0.006017
2021/12/27	-0.000411	0.000021	0.000432	1.051095
2021/12/28	0.0074215	0.0074186	2.90E-06	0.000391
2021/12/29	-0.0147343	-0.0148954	0.000161	0.010934
2021/12/30	0.0077572	0.0083866	0.000629	0.081138
2021/12/31	0.0038261	0.0036774	0.000149	0.038865
mean			0.0004646	0.1739815

3.SVR模型预测分析

（1）输入输出变量集合

首先将数据整理为数据集合，其中，输入向量的空间集合为$\{x_1, x_2, x_3\cdots\cdots, x_m\}$，输出向量的空间集合为$\{y_1, y_2, y_3, \cdots, y_n\}$，结合本章研究对象，可得m=6，n=1，即有6个输入向量，分别为开盘价（x_1）、最高价（x_2）、最低价（x_3）、收盘价（x_4）、成交量（x_5）、成交金额（x_6），输出向量有1个，为收盘价预测值（y）。数据计算过程由软件Matlab来完成。

（2）预测结果分析

结合SVR模型以及最优化参数的选择，对股指期货和现货目标样本进行预测，同样用20组预测收益率与对应的实际收益率数据（收益率数据序列的最后20组数据）进行误差比较。

首先，对股指期货样本外实际收益率与预测收益率进行误差比较，如图3-20、图3-21、图3-22和表3-28、表3-29、表3-30所示。

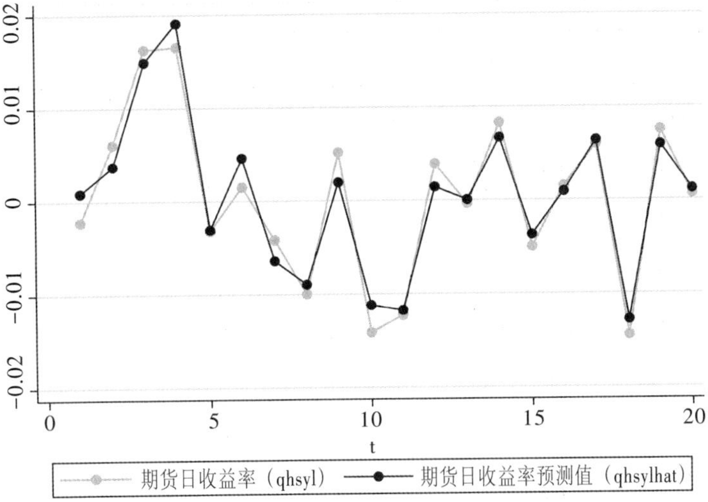

图3-20　期货实际收益率与预测收益率走势对比（SVR）

从图3-20可以看出，采用SVR模型估算的股指期货收益率预测值与实际值的走势基本一致，样本数据的拟合程度较高。结合表3-28中的具体数据可以看到，SVR模型输出的期货收益率预测值与实际值的绝对误差值为0.0016576，相对误差值为0.47435，虽然比ARMA模型输出的误差值低，整体的预测准确度比ARIMA模型高，但比BPNN模型输出的误差值高，整体的预测准确度比BPNN模型低。

表3-28　**期货实际收益率与预测收益率误差对比（SVR）**

交易时间	实际收益率	预测收益率	绝对误差	相对误差（%）
2021/12/6	−0.002244	0.0008612	0.003105	1.383779
2021/12/7	0.0060692	0.0037241	0.002345	0.386394
2021/12/8	0.0162725	0.0148993	0.001373	0.084388
2021/12/9	0.0165234	0.0190907	0.002567	0.155374
2021/12/10	−0.0031881	−0.003068	0.00012	0.037671
2021/12/13	0.0014973	0.0046129	0.003116	2.080812
2021/12/14	−0.0041819	−0.0064096	0.002228	0.5327
2021/12/15	−0.0099716	−0.0089474	0.001024	0.102712

续表

交易时间	实际收益率	预测收益率	绝对误差	相对误差（%）
2021/12/16	0.0051775	0.0019627	0.003215	0.620917
2021/12/17	−0.0141211	−0.0112038	0.002917	0.206592
2021/12/20	−0.0122814	−0.0117569	0.000525	0.042707
2021/12/21	0.0039072	0.0014219	0.002485	0.636082
2021/12/22	−0.0003653	0.0000324	0.000398	1.088694
2021/12/23	0.008296	0.0067015	0.001595	0.192201
2021/12/24	−0.0050097	−0.0037069	0.001303	0.260056
2021/12/27	0.0014973	0.0009003	0.000597	0.398718
2021/12/28	0.0059681	0.0064077	0.00044	0.073658
2021/12/29	−0.0144978	−0.0128279	0.00167	0.115183
2021/12/30	0.0075178	0.0059204	0.001597	0.212482
2021/12/31	0.0006075	0.0011396	0.000532	0.875885
mean			0.0016576	0.47435

结合期货实际收益率与预测收益率的走势（如图 3-21 所示）以及期货实际收益率与预测收益率的误差对比（见表 3-29）的具体数据可以看出，采用遗传算法（GA）优化后的 SVR 模型输出的期货收益率预测值与实际值的趋势虽基本一致，样本数据的模拟效果也尚可。但是，GA_SVR 模型输出的期货收益率预测值与实际值的绝对误差和相对误差均比优化前的 SVR 模型要高，其中绝对误差值为 0.0036572，相对误差值为 1.15446，整体的预测准确度不如优化前的 SVR 模型。针对出现的这种结果，经过使用统计软件反复检验，我们判断与遗传算法（GA）预设的终止进化代数选择有关，尽管从理论推导上来讲，经过遗传算法（GA）优化后的回归型支持向量机（SVR）模型得出的预测值会优于优化前的回归型支持向量机（SVR）模型得出的预测值。

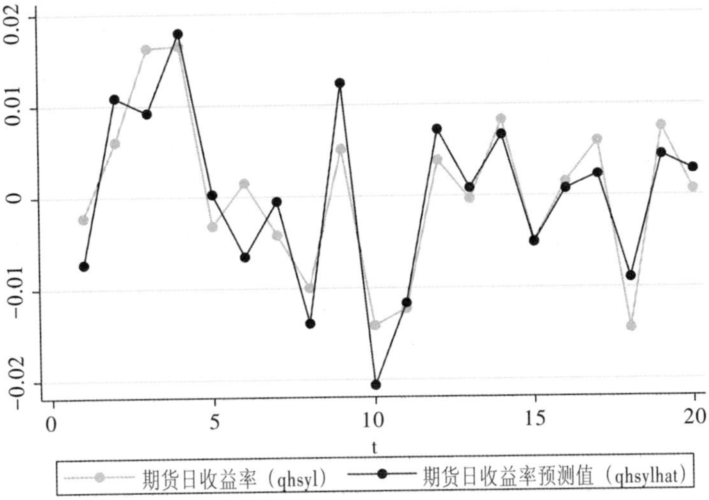

图3-21 期货实际收益率与预测收益率走势对比（GA-SVR）

表3-29 期货实际收益率与预测收益率误差对比（GA-SVR）

交易时间	实际收益率	预测收益率	绝对误差	相对误差（%）
2021/12/6	−0.002244	−0.0072813	0.005037	2.244786
2021/12/7	0.0060692	0.0108881	0.004819	0.793993
2021/12/8	0.0162725	0.0092278	0.007045	0.432921
2021/12/9	0.0165234	0.0179358	0.001412	0.085479
2021/12/10	−0.0031881	0.0002728	0.003461	1.085568
2021/12/13	0.0014973	−0.0065212	0.008019	5.355306
2021/12/14	−0.0041819	−0.0005217	0.00366	0.875248
2021/12/15	−0.0099716	−0.0138588	0.003887	0.389827
2021/12/16	0.0051775	0.0123787	0.007201	1.390864
2021/12/17	−0.0141211	−0.0206127	0.006492	0.459709
2021/12/20	−0.0122814	−0.0116472	0.000634	0.051639
2021/12/21	0.0039072	0.0072699	0.003363	0.860642
2021/12/22	−0.0003653	0.0008326	0.001198	3.279223
2021/12/23	0.008296	0.0066881	0.001608	0.193816
2021/12/24	−0.0050097	−0.0050707	0.000061	0.012176
2021/12/27	0.0014973	0.0007381	0.000759	0.507046

续表

交易时间	实际收益率	预测收益率	绝对误差	相对误差（%）
2021/12/28	0.0059681	0.0023146	0.003654	0.612171
2021/12/29	-0.0144978	-0.0089607	0.005537	0.381927
2021/12/30	0.0075178	0.0044489	0.003069	0.408218
2021/12/31	0.0006075	0.0028362	0.002229	3.668642
mean			0.0036572	1.15446

结合期货实际收益率与预测收益率的走势（如图3-22所示）以及期货实际收益率与预测收益率的误差对比（见表3-30）的具体数据可以看出，采用粒子群算法（PSO）优化后的SVR模型输出的收益率预测值与实际值的趋势虽基本一致，样本数据的拟合程度也尚可。但是，PSO_SVR模型输出的期货收益率预测值与实际值的绝对误差和相对误差均比优化前的SVR模型要高，其中绝对误差值为0.0077459，相对误差值为3.680531，整体的预测准确度不如优化前的SVR模型。针对出现的这种结果，经过使用统计软件反复检验，我们判断与粒子群算法（PSO）预设的终止迭代进化次数选择有关，尽管从理论推导上来讲，经过粒子群算法（PSO）优化后的回归型支持向量机（SVR）模型得出的预测值会优于优化前的支持向量机（SVR）模型得出的预测值。

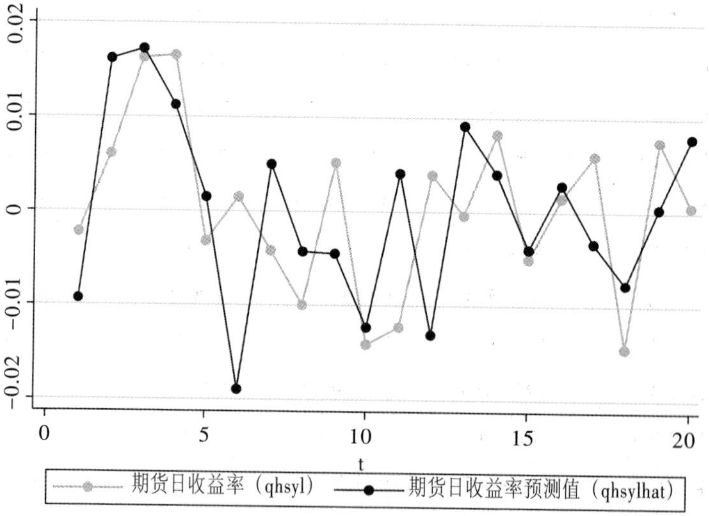

图3-22　期货实际收益率与预测收益率走势对比（PSO-SVR）

表3-30 **期货实际收益率与预测收益率误差对比（PSO-SVR）**

交易时间	实际收益率	预测收益率	绝对误差	相对误差（%）
2021/12/6	−0.002244	−0.0093269	0.007083	3.156373
2021/12/7	0.0060692	0.0161543	0.010085	1.661685
2021/12/8	0.0162725	0.0172043	0.000932	0.057262
2021/12/9	0.0165234	0.0112524	0.005271	0.319002
2021/12/10	−0.0031881	0.0014877	0.004676	1.466642
2021/12/13	0.0014973	−0.0189562	0.020454	13.66025
2021/12/14	−0.0041819	0.0049677	0.00915	2.187905
2021/12/15	−0.0099716	−0.0042753	0.005696	0.571252
2021/12/16	0.0051775	−0.0044756	0.009653	1.864433
2021/12/17	−0.0141211	−0.0123043	0.001817	0.128659
2021/12/20	−0.0122814	0.0040674	0.016349	1.331184
2021/12/21	0.0039072	−0.0130787	0.016986	4.347333
2021/12/22	−0.0003653	0.0092039	0.009569	26.19546
2021/12/23	0.008296	0.0040312	0.004265	0.514079
2021/12/24	−0.0050097	−0.0039568	0.001053	0.210172
2021/12/27	0.0014973	0.0028553	0.001358	0.906966
2021/12/28	0.0059681	−0.0033073	0.009275	1.554163
2021/12/29	−0.0144978	−0.0077076	0.00679	0.468361
2021/12/30	0.0075178	0.0003881	0.00713	0.948376
2021/12/31	0.0006075	0.0079346	0.007327	12.06107
mean			0.0077459	3.680531

接着，对现货样本外实际收益率与预测收益率进行误差比较，如图3-23、图3-24、图3-25和表3-31、表3-32、表3-33所示。

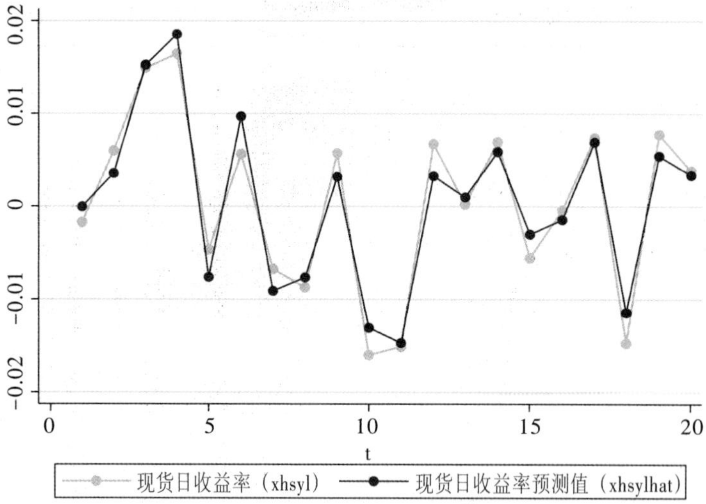

图3-23 现货实际收益率与预测收益率走势对比（SVR）

从图3-23中可以看出，采用SVR模型输出的现货收益率预测值与实际值的走势基本一致，样本数据的拟合程度很高。结合表3-31中的具体数据可以看到，SVR模型输出的现货收益率预测值与实际值的绝对误差值为0.0019142，相对误差值为0.6154292，虽然比ARMA模型输出的误差值低，整体的预测准确度比ARIMA模型高，但比BPNN模型输出的误差值高，整体的预测准确度比BPNN模型低。

表3-31 **现货实际收益率与预测收益率误差对比（SVR）**

交易时间	实际收益率	预测收益率	绝对误差	相对误差（%）
2021/12/6	−0.0017147	−0.0000486	0.001666	0.971657
2021/12/7	0.0060072	0.003562	0.002445	0.407045
2021/12/8	0.0148878	0.0152302	0.000342	0.022999
2021/12/9	0.0164299	0.018549	0.002119	0.128978
2021/12/10	−0.004652	−0.0075979	0.002946	0.633255
2021/12/13	0.0056581	0.0096998	0.004042	0.714321
2021/12/14	−0.006731	−0.0090942	0.002363	0.351092
2021/12/15	−0.0087109	−0.007638	0.001073	0.123168

续表

交易时间	实际收益率	预测收益率	绝对误差	相对误差（%）
2021/12/16	0.005743	0.0032158	0.002527	0.440049
2021/12/17	−0.0160112	−0.0130692	0.002942	0.183746
2021/12/20	−0.0151186	−0.0147028	0.000416	0.027503
2021/12/21	0.006753	0.003294	0.003459	0.512217
2021/12/22	0.0001974	0.000989	0.000792	4.010131
2021/12/23	0.0069523	0.0058994	0.001053	0.151446
2021/12/24	−0.0055513	−0.0030012	0.00255	0.45937
2021/12/27	−0.000411	−0.0014257	0.001015	2.468857
2021/12/28	0.0074215	0.0069523	0.000469	0.063222
2021/12/29	−0.0147343	−0.0114212	0.003313	0.224856
2021/12/30	0.0077572	0.0054569	0.0023	0.296537
2021/12/31	0.0038261	0.0033741	0.000452	0.118136
mean			0.0019142	0.6154292

结合现货实际收益率与预测收益率的走势（如图3-24所示）以及现货实际收益率与预测收益率的误差对比（见表3-32）的具体数据可以看出，采用遗传算法（GA）优化后的SVR模型输出的现货收益率预测值与实际值的趋势虽基本一致，样本数据的拟合程度也尚可。但是，GA_SVM模型输出的现货收益率预测值与实际值的绝对误差和相对误差均比优化前的SVR模型要高，其中绝对误差值为0.0046499，相对误差值为2.228281，整体的预测准确度不如优化前的SVR模型。针对出现的这种结果，经过使用统计软件反复检验，我们判断与遗传算法（GA）预设的终止进化代数选择有关，尽管从理论推导上来讲，经过遗传算法（GA）优化后的回归型支持向量机（SVR）模型得出的预测值会优于优化前的回归型支持向量机（SVR）模型得出的预测值。

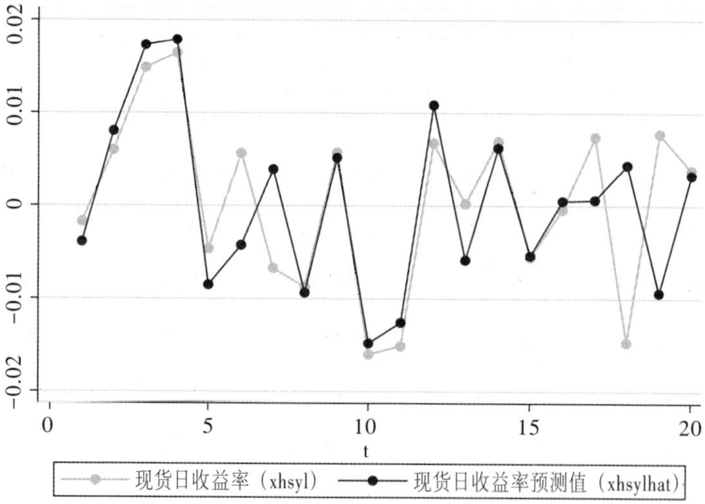

图3-24 现货实际收益率与预测收益率走势对比（GA-SVR）

表3-32 **现货实际收益率与预测收益率误差对比（GA-SVR）**

交易时间	实际收益率	预测收益率	绝对误差	相对误差（%）
2021/12/6	−0.0017147	−0.0038853	0.002171	1.265877
2021/12/7	0.0060072	0.008049	0.002042	0.339892
2021/12/8	0.0148878	0.017312	0.002424	0.162831
2021/12/9	0.0164299	0.0178833	0.001453	0.088461
2021/12/10	−0.004652	−0.0085087	0.003857	0.829041
2021/12/13	0.0056581	−0.0042553	0.009913	1.752072
2021/12/14	−0.006731	0.003932	0.010663	1.584163
2021/12/15	−0.0087109	−0.0093508	0.00064	0.07346
2021/12/16	0.005743	0.0051918	0.000551	0.095978
2021/12/17	−0.0160112	−0.0148258	0.001185	0.074036
2021/12/20	−0.0151186	−0.0125942	0.002524	0.166973
2021/12/21	0.006753	0.0108728	0.00412	0.61007
2021/12/22	0.0001974	−0.0058393	0.006037	30.58105
2021/12/23	0.0069523	0.0062418	0.000711	0.102196
2021/12/24	−0.0055513	−0.0053673	0.000184	0.033145
2021/12/27	−0.000411	0.0005102	0.000921	2.241363
2021/12/28	0.0074215	0.0006256	0.006796	0.915704

续表

交易时间	实际收益率	预测收益率	绝对误差	相对误差（%）
2021/12/29	−0.0147343	0.0043888	0.019123	1.297863
2021/12/30	0.0077572	−0.0093813	0.017139	2.209367
2021/12/31	0.0038261	0.0032825	0.000544	0.142077
mean			0.0046499	2.228281

结合现货实际收益率与预测收益率的走势（如图3-25所示）以及现货实际收益率与预测收益率的误差对比（见表3-33）的具体数据可以看出，采用粒子群算法（PSO）优化后的SVR模型输出的现货收益率预测值与实际值的趋势虽基本一致，但是样本数据的拟合程度不好，并且PSO_SVR模型输出的现货收益率预测值与实际值的绝对误差和相对误差均比优化前的SVR模型高，其中绝对误差值为0.0082584，相对误差值为4.547885，整体的预测准确度不如优化前的SVR模型。针对出现的这种结果，经过使用统计软件反复检验，我们判断与粒子群算法（PSO）预设的终止迭代进化次数选择有关，尽管从理论推导上来讲，经过粒子群算法（PSO）优化后的回归型支持向量机（SVR）模型得出的预测值会优于优化前的回归型支持向量机（SVR）模型得出的预测值。

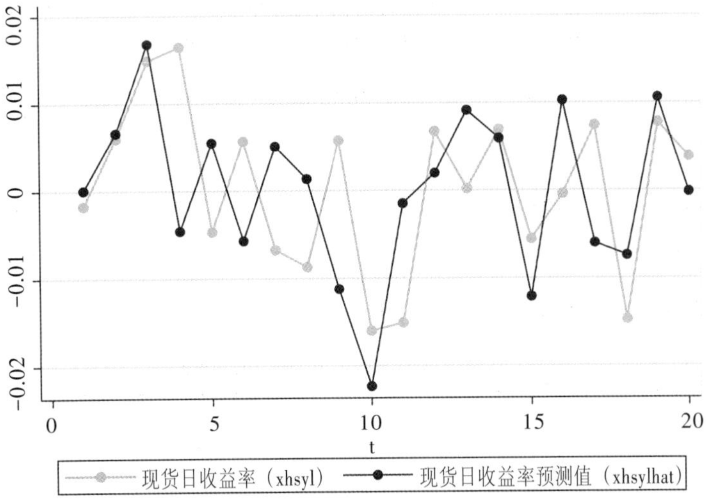

图3-25　现货实际收益率与预测收益率走势对比（PSO-SVR）

表3-33 **现货实际收益率与预测收益率误差对比（PSO_SVR）**

交易时间	实际收益率	预测收益率	绝对误差	相对误差（%）
2021/12/6	−0.0017147	0.0000734	0.001788	1.042806
2021/12/7	0.0060072	0.0066233	0.000616	0.10256
2021/12/8	0.0148878	0.0167933	0.001906	0.127991
2021/12/9	0.0164299	−0.0045681	0.020998	1.278036
2021/12/10	−0.004652	0.0054922	0.010144	2.18061
2021/12/13	0.0056581	−0.0057077	0.011366	2.008766
2021/12/14	−0.006731	0.0050707	0.011802	1.753335
2021/12/15	−0.0087109	0.0013323	0.010043	1.152946
2021/12/16	0.005743	−0.0112391	0.016982	2.957009
2021/12/17	−0.0160112	−0.0223379	0.006327	0.395142
2021/12/20	−0.0151186	−0.0014791	0.01364	0.902167
2021/12/21	0.006753	0.001977	0.004776	0.707241
2021/12/22	0.0001974	0.0091505	0.008953	45.35512
2021/12/23	0.0069523	0.0059566	0.000996	0.143219
2021/12/24	−0.0055513	−0.012146	0.006595	1.187956
2021/12/27	−0.000411	0.010252	0.010663	25.94404
2021/12/28	0.0074215	−0.006012	0.013434	1.810079
2021/12/29	−0.0147343	−0.007431	0.007303	0.495667
2021/12/30	0.0077572	0.0105839	0.002827	0.364397
2021/12/31	0.0038261	−0.000186	0.004012	1.048613
mean			0.0082584	4.547885

3.5 收益率预测模型的选择

为了进一步评价上述三类模型对收益率的预测效果，采用前面给出的模型预测效果评价准则对三类模型给出的收益率预测结果进行对比分析。对比结果见表3-34、表3-35。

表3-34 股指期货收益率预测效果对比

	MSE	MAD	MAPE
ARMA	0.0000751	0.006962	1.002024
BPNN	3.51e-06	0.0015545	0.4101738
GA_BPNN	7.16e-07	0.0006448	0.1840523
PSO_BPNN	1.81e-06	0.0011398	0.3990592
SVR	3.76e-06	0.0016576	0.4743502
GA_SVR	0.0000187	0.0036572	1.15446
PSO_SVR	0.0000869	0.0077459	3.680531

表3-35 现货收益率预测效果对比

	MSE	MAD	MAPE
ARMA	0.0000834	0.0077518	1.04105
BPNN	7.39e-07	0.0006744	0.2249609
GA_BPNN	2.22e-06	0.001168	0.3977891
PSO_BPNN	3.76e-07	0.0004646	0.1739815
SVR	4.91e-06	0.0019142	0.6154292
GA_SVR	0.0000506	0.0046499	2.228281
PSO_SVR	0.0000977	0.0082584	4.547885

根据三种评价指标的结果对比可以发现，无论从股指期货收益率预测，还是从现货收益率预测来讲，ARMA模型的预测效果最差，SVR模型的预测效果次之，BPNN模型的预测效果最好。

3.6 本章小结

本章主要通过构建的股指期货与现货收益率预测模型对股指期货与现货收益率进行预测，并运用评价模型预测效果的三种准则对收益率预测结果进行对比分析。通过对模型预测效果各评价指标值的对比，可以发现，无论从股指期货收益率预测，还是从现货收益率预测来讲，ARMA模型的预测效果最差，SVR模型的预测效果次之，BPNN模型的预测效果最好。这也说明，在数据序列比较平稳且进行短期预测时，采用ARMA模型效果较好；在数据结构比较复杂时，运用智能算法模型进行预测能得到更优的结果。虽然从理论推导过程来讲，使用遗传算法（GA）和粒子群算法（PSO）优化后的SVR模型与BPNN模型进行股指期货与现货收益率的预测，比单纯使用SVR模型和BPNN模型进行预测效果要优，但是在实际操作过程中，效果并不理想。针对出现的这种结果，经过使用统计软件反复检验，判断与预设的终止进化代数和迭代进化次数选择有关。另外，在股指期货收益率预测过程中，遗传算法（GA）优化后的模型得出的整体预测效果比粒子群算法（PSO）优化后的模型得出的整体预测效果要优，而在现货收益率预测过程中，粒子群算法（PSO）优化后的模型得出的整体预测效果比遗传算法（GA）优化后的模型得出的整体预测效果要优。这也说明，优化后的SVR模型和BPNN模型在预测效果上存在差异，还与采用的数据样本及样本容量有关。

4 股指期货与现货收益率相关性分析

本章将进一步对股指期货与现货收益率之间的相关性进行分析。首先，在单位根检验的基础上，构建跟股指期货与现货收益率相对应的VAR模型。其次，针对股指期货与现货收益率间可能出现尾部相关、非对称、非线性等现象，构建跟股指期货与现货收益率相对应的二元Copula函数模型。最后，通过构建的股指期货与现货收益率相关性模型，对两种收益率之间的相关性作进一步的实证分析。

4.1 单位根检验方法

传统计量模型均假设时间序列数据为平稳（stationary）状态，并在此前提下进行相关研究，而所谓平稳状态时间序列数列，是指该时间序列数据的期望值、方差、协方差、相关系数等数字特征均不随时间变化而改变。但后来学者逐渐发现时间序列数据多为非平稳序列（nonstationary），因此，Granger和Newbold指出，在对非平稳时间序列数据进行回归分析时，在D-W值接近2的情况下回归系数仍可能会出现很高的拟合优度R^2，产生伪回归（Spurious Regression）的现象，那么在这种情形下，系数估计值将不再具有一致性，残差项的方差也会随时间的推移而趋于无穷大。Engle和Granger指出，若时间序列数据呈现非平稳的形态，即时间序列数据存在单位根（unit root）现象，那么通过对存在单位根的时间序列数据进行差分，就可以使其成为平稳时间序列数据。若原始数据必须经过d次差分才能达到平稳状态，则表示该时间序列数据有d单位根，以$I(d)$表示。当时间序列数据呈现平稳形态时，该时间序列则无单位根，以$I(0)$表示，所以非平稳形态时间序列数据必然存在单位根。此外，根据Yule-Walker方程的推导，当时间序列数据受到外部冲击时，对平稳时间序列数据只会造成暂时性的影响，但对非平稳时间序列数据会造成持久性的影响。因此非平稳形态的时间序列数据必须经过差分处理使其成为平稳时间序列后才能进行下一步的研究。

在实证分析中用来检验时间序列是否具有平稳性的方法通常称为单位根检验，其方法一般以Dickey-Fuller（DF）检验法、Augmented Dickey-Fuller（ADF）检验法及Phillips-Perron（PP）检验法为主，下面分别进行阐述。

1.Dickey-Fuller（DF）检验法

Dickey和Fuller针对AR（1）的时间序列数据三种不同的表现形式提出了单位根检验假设：

（1）Y_t是一个随机游走序列：

$$\Delta Y_t = \delta Y_{t-1} + \varepsilon_t \tag{4-1}$$

（2）Y_t是一个带漂移项的随机游走序列：

$$\Delta Y_t = \alpha + \delta Y_{t-1} + \varepsilon_t \tag{4-2}$$

（3）Y_t是一个带漂移项和确定性趋势的随机游走序列：

$$\Delta Y_t = \alpha + \gamma t + \delta Y_{t-1} + \varepsilon_t \tag{4-3}$$

式中，ε_t为白噪声过程。考虑以下单边检验：H_0: $\delta = 0$ vs H_1: $\delta < 0$。

对式（4-1）、式（4-2）、式（4-3）作回归，可以计算出估计量$\hat{\delta}$及相应的t统计量的值。在这里，t统计量的值就是“Dickey and Fuller”

统计量的值，简称DF值，显然，DF值越接近于0，越倾向于接受原假设，则意味着该时间序列数据存在单位根，为非平稳时间序列数据。

2.Augmented Dickey-Fuller（ADF）检验法

Dickey-Fuller检验法使用一阶自回归来检验单位根，且要求扰动项$\{\varepsilon_t\}$为独立白噪声，即扰动项无自相关性。如果$\{\varepsilon_t\}$存在自相关性，就需要采用Augmented Dickey-Fuller检验法进行单位根检验，具体做法是在方程右边解释变量中添加更高阶的滞后项来消除扰动项$\{\varepsilon_t\}$的自相关性。

Augmented Dickey-Fuller检验法同样针对AR（p）的时间序列数据三种不同的表现形式提出了单位根检验假设：

$$\Delta Y_t = \delta Y_{t-1} + \gamma_1 \Delta Y_{t-1} + \gamma_2 \Delta Y_{t-2} + \cdots + \gamma_{p-1} \Delta Y_{t-p+1} + \varepsilon_t \tag{4-4}$$

$$\Delta Y_t = \alpha + \delta Y_{t-1} + \gamma_1 \Delta Y_{t-1} + \gamma_2 \Delta Y_{t-2} + \cdots + \gamma_{p-1} \Delta Y_{t-p+1} + \varepsilon_t \tag{4-5}$$

$$\Delta Y_t = \alpha + \beta t + \delta Y_{t-1} + \gamma_1 \Delta Y_{t-1} + \gamma_2 \Delta Y_{t-2} + \cdots + \gamma_{p-1} \Delta Y_{t-p+1} + \varepsilon_t \tag{4-6}$$

这里与DF单位根检验法相同，同样需要$\{\varepsilon_t\}$为白噪声过程。考虑以下单边检验：H_0：$\delta = 0$ vs H_1：$\delta < 0$。

对式（4-4）、式（4-5）、式（4-6）作回归分析，可以计算出估计量$\hat{\delta}$及相应的t统计量的值。在这里，t统计量的值就是“Augmented Dickey-Fuller”统计量的值，简称ADF值，显然，ADF值越接近于0，越倾向于接受原假设，则意味着该时间序列数据存在单位根，为非平稳时间序列数据。

为保证扰动项$\{\varepsilon_t\}$为白噪声过程，需要确定式（4-4）、式（4-5）、式（4-6）中的滞后阶数p。因为ADF检验的结果通常对滞后阶数p很敏感，如果p过小，则扰动项$\{\varepsilon_t\}$可能存在自相关；反之，如果p过大，则会降低检验的效果。因此，ADF检验法对于最佳滞后阶数的选取一般采用下列两个信息准则：

（1）AIC准则：以AIC（Akaike Information Criterion）值最小者对应的滞后阶数p为最佳滞后阶数。

（2）BIC准则：以BIC（Bayesian Information Criterion）值最小者对应的滞后阶数p为最佳滞后阶数。

3.Phillips-Perron（PP）检验法

Phillips-Perron检验法仍然使用一阶自回归，但使用异方差自相关稳健的标准误（Newey-West standard errors）对DF统计量进行修正：

$$\Delta Y_t = \delta Y_{t-1} + \varepsilon_t \tag{4-7}$$

$$\Delta Y_t = \alpha + \delta Y_{t-1} + \varepsilon_t \tag{4-8}$$

$$\Delta Y_t = \alpha + \gamma t + \delta Y_{t-1} + \varepsilon_t \tag{4-9}$$

式中，$\{\varepsilon_t\}$可以存在异方差或自相关。经过修正的t统计量，其渐进分布与DF检验统计量相同，故临界值也相同，其值称为“Phillips-Perron”统计量的值，简称PP值，PP检验也是左边单侧检验。Phillips和Perron还提供了另一检验统计量Z(ρ)。由于金融变量常常存在异方差或自相关，所以PP单位根检验法在金融时间序列数据中应用比较广泛。与ADF单位根检验法相比，PP单位根检验法相当于异方差稳健的ADF单位根检验法，而且PP单位根检验法不必指定差分滞后项的滞后阶数。

4.2 VAR模型的构建

由Sims所提倡的“向量自回归”（Vector Autoregression，VAR）不仅可以对两个及以上的经济变量作出预测，还可以同时对这些变量之间的相关性进行考察。将两个时间序列变量$\{y_{1t},\ y_{2t}\}$（在本章中具体指的是现货收益率与期货收益率$\{xhsyl_t,\ qhsyl_t\}$），分别作为两个回归方程的被解释变量；而解释变量为这两个变量的p阶滞后值，就可以构成一个BI-VAR（P）模型：

$$\begin{cases} y_{1t} = \alpha_{10} + \alpha_{11} y_{1,t-1} + \cdots + \alpha_{1p} y_{1,t-p} + \beta_{11} y_{2,t-1} + \cdots + \beta_{1p} y_{2,t-p} + \varepsilon_{1t} \\ y_{2t} = \alpha_{20} + \alpha_{21} y_{1,t-1} + \cdots + \alpha_{2p} y_{1,t-p} + \beta_{21} y_{2,t-1} + \cdots + \beta_{2p} y_{2,t-p} + \varepsilon_{2t} \end{cases} \tag{4-10}$$

式中，$\{\varepsilon_{1t}\}$与$\{\varepsilon_{2t}\}$均为白噪声过程，故不存在自相关，但允许两个方程的扰动项之间存在“同期相关性”（contemporaneous correlation）：

$$Cov\left(\varepsilon_{1t},\varepsilon_{2t}\right) = \begin{cases} \sigma_{12},若t = s \\ 0,其他 \end{cases} \tag{4-11}$$

由于式（4-10）中两个方程的解释变量完全一样，为方便起见，对该方程组进行变形。首先，将两个方程写在一起：

$$\begin{pmatrix} y_{1t} \\ y_{2t} \end{pmatrix} = \begin{pmatrix} \alpha_{10} \\ \alpha_{20} \end{pmatrix} + \begin{pmatrix} \alpha_{11} \\ \alpha_{21} \end{pmatrix} y_{1,t-1} + \cdots + \begin{pmatrix} \alpha_{1p} \\ \alpha_{2p} \end{pmatrix} y_{1,t-p} + \begin{pmatrix} \beta_{11} \\ \beta_{21} \end{pmatrix} y_{2,t-1} + \cdots + \begin{pmatrix} \beta_{1p} \\ \beta_{2p} \end{pmatrix} y_{2,t-p} + \begin{pmatrix} \varepsilon_{1t} \\ \varepsilon_{2t} \end{pmatrix} \tag{4-12}$$

接着，将同期变量写成列向量，同时把相应的系数合并为矩阵，

$$\begin{pmatrix} y_{1t} \\ y_{2t} \end{pmatrix} = \begin{pmatrix} \alpha_{10} \\ \alpha_{20} \end{pmatrix} + \begin{pmatrix} \alpha_{11} & \beta_{11} \\ \alpha_{21} & \beta_{21} \end{pmatrix} \begin{pmatrix} y_{1,t-1} \\ y_{2,t-1} \end{pmatrix} + \cdots + \begin{pmatrix} \alpha_{1p} & \beta_{1p} \\ \alpha_{2p} & \beta_{2p} \end{pmatrix} \begin{pmatrix} y_{1,t-p} \\ y_{2,t-p} \end{pmatrix} + \begin{pmatrix} \varepsilon_{1t} \\ \varepsilon_{2t} \end{pmatrix} \tag{4-13}$$

记 $y_t = \begin{pmatrix} y_{1t} \\ y_{2t} \end{pmatrix}$，$\varepsilon_t = \begin{pmatrix} \varepsilon_{1t} \\ \varepsilon_{2t} \end{pmatrix}$，则：

$$y_t = \underbrace{\begin{pmatrix} \alpha_{10} \\ \alpha_{20} \end{pmatrix}}_{\Gamma_0} + \underbrace{\begin{pmatrix} \alpha_{11} & \beta_{12} \\ \alpha_{21} & \beta_{22} \end{pmatrix}}_{\Gamma_1} y_{t-1} + \cdots + \underbrace{\begin{pmatrix} \alpha_{1p} & \beta_{1p} \\ \alpha_{2p} & \beta_{2p} \end{pmatrix}}_{\Gamma_p} y_{t-1} + \varepsilon_t \tag{4-14}$$

最后，将相应的系数矩阵写为 Γ_0，Γ_1，…，Γ_p，则：

$$y_t = \Gamma_0 + \Gamma_1 y_{t-1} + \cdots + \Gamma_p y_{t-p} + \varepsilon_t \tag{4-15}$$

直观上，式（4-15）与单变量 $AR(p)$ 形式上一样，因此起名为 $VAR(p)$ 模型。式中，$\{\varepsilon_t\}$ 是一维白噪声过程的推广，称为“向量白噪声过程”（vector white noise process）。

4.2.1 VAR模型滞后阶数p的确定

在构建VAR模型时，为保证 $\{\varepsilon_t\}$ 为向量白噪声过程，需要确定变量的滞后阶数 p。常用的方法有以下三种：

方法之一是检验 $VAR(p)$ 最后一阶系数的显著性，类似于由大到小的序贯 t 规则。比如需要确定使用 $VAR(p)$ 还是 $VAR(p-1)$，则可以检验原假设：“H_0: $\beta_{1P} = \beta_{2P} = \gamma_{1P} = \gamma_{2P} = 0$”。如果拒绝原假设，就认为应该使用 $VAR(p)$；反之，如果接受原假设，就将滞后阶数先改为 $p-1$，然后再次进行原假设检验，依次类推，直到拒绝原假设为止，最后把滞后阶数 p 确定下来。

方法之二就是使用信息准则 $AIC(p)$ 和 $BIC(p)$ 来确定滞后阶数 p。根据残差 $\widehat{\varepsilon_t}$ 可以估计协方差矩阵 $\sum$，记为 $\widehat{\sum}$。矩阵 $\widehat{\sum}$ 的 (i, j) 元素

为$\hat{\sum}_{ij} \equiv \frac{1}{T}\hat{\varepsilon}_{it}\hat{\varepsilon}_{jt}$。式中，$T$为样本容量。VAR模型的AIC与BIC分别为：

$$AIC(p) = \ln|\hat{\sum}| + 2 \times (2p + 1)\frac{2}{T} \tag{4-16}$$

$$BIC(p) = \ln|\hat{\sum}| + 2 \times (2p + 1)\frac{\ln T}{T} \tag{4-17}$$

式中，p为滞后阶数，$|\hat{\sum}|$为$\hat{\sum}$的行列式，可以将$|\hat{\sum}|$视为多维情况下的残差平方和。经过计算，当$AIC(p)$和$BIC(p)$的值最小时，所对应的p为最终的VAR模型的滞后阶数。

方法之三是检验VAR模型的残差是否为白噪声过程，即是否存在自相关。如果真实模型为$VAR(p)$，但被错误地设定为$VAR(p-1)$，则解释变量的最后一阶滞后y_{t-p}被纳入扰动项ε_t中，将导致扰动项出现自相关。如果存在自相关，则可能意味着应该在解释变量中加入更高阶的滞后变量，然后再次进行自相关检验。依此类推，直到残差项为白噪声为止，此时，对应的滞后阶数p为最终的VAR模型的滞后阶数。

当然，在实际确定VAR模型滞后阶数p时，可以同时运用以上三种方法，然后综合考虑，确定最终的VAR模型滞后阶数。

4.2.2 格兰杰检验

本章构建VAR模型的目的之一，就是要通过格兰杰（Granger）检验来确定股指期货与现货收益率之间的引导关系。考察以下由股指期货与现货收益率组成的时间序列模型：

$$qhsyl_t = \theta + \sum_{i=1}^{p}\alpha_i qhsyl_{t-i} + \sum_{j=1}^{p}\beta_j xhsyl_{t-j} + \varepsilon_t \tag{4-18}$$

式中，$qhsyl_t$表示股指期货收益率时间序列，$xhsyl_t$表示现货收益率时间序列，p表示滞后阶数。滞后阶数p，可以由上面介绍的几种方法进行确定。

首先，检验原假设“H_0: $\beta_1 = \cdots = \beta_p = 0$”，即$xhsyl$的过去值对预测$qhsyl$的未来值没有帮助。如果拒绝$H_0$，则称$xhsyl$是$qhsyl$的“格兰杰因”（Granger cause）。然后，将以上回归模型中的$xhsyl$与$qhsyl$调换位

置，则可以检验 $qhsyl$ 是否为 $xhsyl$ 的格兰杰因。在下面的具体实证中，就是将($xhsyl$，$qhsyl$)构成一个VAR系统，然后在VAR的框架下，使用软件Stata进行Granger检验。另外需要注意的是，Granger因果关系并非真正意义上的因果关系，它充其量只是一种动态相关关系，表明的是一个变量是否对另一个变量有引导和预测的能力。

4.2.3 VAR模型的脉冲响应

由于VAR系统中包含很多需要估计的变量滞后值的系数，一般情况下，这些系数没有确切的经济含义，因此，可以将注意力放在一个变量在第 t 期产生的一个标准信息对另外变量的脉冲响应上。为此，为了考察VAR模型的脉冲响应函数，需要将 $VAR(p)$ 向 $VMA(\infty)$ 推广，即将 p 阶VAR过程推广到无穷阶向量移动平均过程（Vector Moving Average，VMA（∞））。

首先，使用滞后算子，把 $VAR(p)$ 系统"$y_t = \Gamma_0 + \Gamma_1 y_{t-1} + \cdots + \Gamma_p y_{t-p} + \varepsilon_t$"写成VMA(∞)的形式：

$$(I - \Gamma_1 L - \cdots - \Gamma_p L^p) y_t = \Gamma_0 + \varepsilon_t \tag{4-19}$$

$$\Gamma(L) y_t = \Gamma_0 + \varepsilon_t \tag{4-20}$$

式中，$\Gamma(L) = I - \Gamma_1 L - \cdots - \Gamma_p L^p$。

然后，在式（4-20）两边同时乘 $\Gamma(L)^{-1}$ 可得：

$$y_t = \Gamma(L)^{-1}\Gamma_0 + \Gamma(L)^{-1}\varepsilon_t \tag{4-21}$$

记 $\Gamma(L)^{-1} = \Psi(L) = \Psi_0 + \Psi_1 L + \Psi_2 L^2 + \cdots + \Gamma(L)^{-1}\Gamma_0 = \alpha$，则得到VAR模型的VMA表示法（Vector Moving Average Representation）为：

$$y_t = \alpha + \Psi_0 \varepsilon_t + \Psi_1 \varepsilon_{t-1} + \Psi_2 \varepsilon_{t-2} + \cdots = \alpha + \sum_{i=0}^{\infty} \Psi_i \varepsilon_{t-i} \tag{4-22}$$

式中，$\Psi_0 = I_n$，而其余的 Ψ_i 可通过递推公式 $\Psi_i = \sum_{j=1}^{i} \Psi_{i-j}\Gamma_j$ 来确定。根据向量微分法则，可知：

$$\frac{\partial y_{t+s}}{\partial \varepsilon_t'} = \Psi_s \tag{4-23}$$

式中，（$\partial y_{t+s} / \partial \varepsilon_t'$）为 n 维列向量 y_{t+s} 对 n 维行向量 ε_t' 求偏导数，故得到 $n \times n$ 矩阵 Ψ_s。矩阵 Ψ_s 是一维情形下相隔 s 期的动态乘子向多维的推

广，其第i行、第j列元素等于（$\partial y_{i,\ t+s}/\partial \varepsilon_{jt}$）。它表示的是，当第$j$个变量在第$t$期的扰动项$\varepsilon_{jt}$增加1单位时，其他变量与其他期的扰动项均不变，对第i个变量在第（$t+s$）期的取值$y_{i,\ t+s}$的影响。将（$\partial y_{i,\ t+s}/\partial \varepsilon_{jt}$）视为时间间隔$s$的函数，就是“脉冲响应函数”（Impulse Response Function，IRF）。

但是，脉冲响应函数存在缺点：它假定在计算（$\partial y_{i,\ t+s}/\partial \varepsilon_{jt}$）时，只让$\varepsilon_{jt}$变动，而所有其他同期扰动项均不变。此假定只有当扰动项的协方差矩阵$\sum = E\left(\varepsilon_t \varepsilon_t'\right)$为对角矩阵时才能成立；否则，当$\varepsilon_{jt}$变动时，必然伴随着其他方程的同期扰动项发生相应的变动。为此，需要考虑“正交化脉冲响应函数”（Orthogonalized Impulse Response Function，OIRF），即从扰动项ε_t中分离出相互正交的部分，记为u_t，然后计算当u_t中的某个分量变动时，对各变量在不同时期的影响。

在具体实践中，可以使用“乔里斯基分解”（Cholesky decomposition）将VAR模型的VMA表示法（4-22）写为：

$$y_t = \alpha + \sum_{i=0}^{\infty} \Psi_i \varepsilon_{t-i} = \alpha + \sum_{i=0}^{\infty} \underbrace{\Psi_i p}\, \underbrace{p^{-1} \varepsilon_{t-i}} = \alpha + \sum_{i=0}^{\infty} \Phi_i v_{t-i} \tag{4-24}$$

式中，$\Phi_i = \Psi_i p$。由向量微分法则可知：

$$\frac{\partial y_{t+s}}{\partial v_t'} = \Phi_s \tag{4-25}$$

式中，矩阵Φ_s的第i行、第j列元素等于($\partial y_{i,\ t+s}/\partial v_{jt}$)，即正交化的脉冲响应函数（OIRF）。在实际操作过程中，可根据残差$\hat{\varepsilon}_t$，估计$\hat{\sum}$，对$\hat{\sum}$进行乔里斯基分解得到$\hat{p}$以及$\hat{v}_t = \hat{p}^{-1} \hat{\varepsilon}_t$。

然而，正交化脉冲响应函数依然存在着不足。首先，正交化冲击(orthogonalized shocks) v_t的经济含义很难解释。其次，由于乔里斯基分解所用矩阵p为下三角矩阵，按照一定变量顺序进行乔里斯基分解，意味着在VAR模型之上附加了一种“递归结构”(recursive structure)，这种VAR模型也称为“递归VAR”（recursive VAR）模型。在递归VAR中，对第一个方程的正交化冲击会在同期影响所有方程；对第二个方程的正交化冲击会在同期影响除第一个方程之外的所有方程；以此类推，对最后一个方程的正交化冲击只会在同期影响最后一个方程本身。因此，正交化的脉冲响应函数依赖于VAR系统中变量的顺序（order of variables）。如果改变VAR系统中变量的顺序，则可能得到差别较大的结果。因此，OIRF虽然使得因果关系更清楚，但代价是需要对变量起作用的顺序作较强的先验假设。

在实践中，可以使用以下三种方法来确定OIRF的变量顺序。

方法之一是通过考察两个变量之间的“交叉相关图”（cross correlogram），来确定两个变量的顺序。对于变量y_t与x_t，定义其“交叉相关函数”（cross-correlation function）为：

$$\rho_{yx}(k) = corr(y_t, x_{t+k}) \tag{4-26}$$

$\rho_{yx}(k)$为y_t与x_{t+k}的相关系数。将$\rho_{yx}(k)$视为k的函数，并画图，得到交叉相关图。需要注意的是，$\rho_{yx}(k)$并不是关于原点对称。一般来说，$\rho_{yx}(k) \neq \rho_{yx}(-k)$，但$\rho_{yx}(k) = corr(y_t,\ x_{t+k}) = corr(x_t,\ y_{t-k})$。通过交叉相关图可以看出，我们将使得$|\rho_{yx}(k)|$最大的$k$值记为$k^*$。如果$k^*>0$，则意味着$y_t$与未来的$x_{t+k}$最相关，那么变量排序应为$y_t$，$x_t$；反之，如果$k^*<0$，则意味着$y_t$与过去的$x_{t+k}$最相关，那么变量次序应为$x_t$，$y_t$。

方法之二是借助格兰杰因果检验来确定两个变量之间的顺序。考虑以下时间序列模型：

$$y_t = \lambda + \sum_{i=1}^{p}\alpha_i y_{t-i} + \sum_{i=1}^{p}\beta_i x_{t-i} + \varepsilon_t \tag{4-27}$$

首先，检验原假设“H_0: $\beta_1 = \cdots = \beta_p = 0$”，即$x$的过去值对预测$y$的未来值没有帮助。如果拒绝$H_0$，则称$x$是$y$的“格兰杰因”（Granger cause），意味着y_t与过去的x_{t+k}最相关，那么变量顺序应为x_t，y_t。然后，将以上时间序列模型中的x与y调换位置，则可以检验y是否为x的格兰杰因。相同的原理，首先检验原假设“H_0: $\alpha_1 = \cdots = \alpha_p = 0$”，即$y$的过去值对预测$x$的未来值没有帮助，如果拒绝$H_0$，则称$y$是$x$的“格兰杰因”（Granger cause），则意味着y_t与未来的x_{t+k}最相关，那么变量排序应为y_t，x_t。在具体操作过程中，可以将$(y,\ x)$构成一个VAR系统，然后在VAR的框架下进行Granger检验，以此确定y与x间的因果关系，进而确定该VAR系统中的变量顺序。

方法之三是在难以确定变量顺序的情况下，为了稳妥起见，对于不同的变量顺序，分别画其正交化脉冲响应图，然后进行比较。如果不同变量顺序的OIRF差别不大，则结果较为可信；反之，则值得怀疑。在具体操作过程中，也可以将不同变量顺序的VAR模型估计结果同时给出，最终结论由读者来定夺。

4.2.4 VAR模型预测误差方差分解

VAR模型预测误差方差分解度量的是各方程的扰动项对每个变量预测误差的单独贡献。对于具有相关性的两个变量来讲，VAR模型预测误差的方差分解也可以表述为，在VAR系统中，一个变量的变动过程中各个变量的影响力所占的比重。它是除了脉冲响应函数外，又一种度量在VAR系统中一个变量对其他变量影响力的方法。

对于 $VAR(p)$ 模型 $y_t = \Gamma_0 + \Gamma_1 y_{t-1} + \cdots + \Gamma_p y_{t-p} + \varepsilon_t$，在得到参数估计后，进行向前一期的预测（one-step-ahead forecast）：

$$\hat{y}_{t+1} = \hat{\Gamma}_0 + \hat{\Gamma}_1 y_t + \cdots + \hat{\Gamma}_p y_{t-p+1} \tag{4-28}$$

式中，假设 y_t 为已知数，即当前时间为第 t 期。为了预测 y_{t+2}，则可将 $\hat{y}_{t+1}$ 视为 y_{t+1}，即

$$\hat{y}_{t+2} = \hat{\Gamma}_0 + \hat{\Gamma}_1 y_{t+1} + \cdots + \hat{\Gamma}_p y_{t-p+2} \tag{4-29}$$

依此类推，可以计算向前 h 期的预测值 $\hat{y}_{t+h}$。利用VAR模型的VMA表示法，可将向前 h 期的预测误差（h-step forecast error）写为：

$$y_{t+h} - \hat{y}_{t+h} = \Psi_0 \varepsilon_{t+h} + \Psi_1 \varepsilon_{t+h-1} + \cdots + \Psi_{h-1} \varepsilon_{t+1} = \sum_{i=0}^{h-1} \Psi_i \varepsilon_{t+h-i} \tag{4-30}$$

如前所述，由于 ε_{t+h-i} 的各分量存在同期相关（contemporaneously correlated），故运用乔里斯基分解将（4-30）式写为：

$$y_{t+h} - \hat{y}_{t+h} = \sum_{i=0}^{h-1} \psi_i \varepsilon_{t+h-i} = \sum_{i=0}^{h-1} \underbrace{\psi_i p}\, \underbrace{p^{-1} \varepsilon_{t+h-i}} = \sum_{i=0}^{h-1} \Phi_i v_{t+h-i} \tag{4-31}$$

式中，v_{t+h-i} 表示正交化冲击。记矩阵 Φ_i 的（u，k）元素为 $\phi_{i,\ uk}$，向量 v_{t+h-i} 的第 k 个元素为 $v_{k,\ t+h-i}$，再根据式（4-31），将 y_{t+h} 的第 j 个分量 $y_{j,\ t+h}$ 的预测误差写为：

$$\begin{aligned} y_{j,t+h} - \hat{y}_{j,t+h} &= \sum\nolimits_{i=0}^{h-1}(\phi_{i,j1}\boldsymbol{v}_{1,t+h-i} + \cdots + \phi_{i,jn}\boldsymbol{v}_{n,t+h-i}) \\ &= \sum\nolimits_{i=0}^{h-1}\sum\nolimits_{k=1}^{n}\phi_{i,jk}\boldsymbol{v}_{k,t+h-i} \\ &= \sum\nolimits_{k=1}^{n}\sum\nolimits_{i=0}^{h-1}\phi_{i,jk}\boldsymbol{v}_{k,t+h-i} \\ &= \sum\nolimits_{k=1}^{n}(\phi_{0,jk}\boldsymbol{v}_{k,t+h} + \cdots + \phi_{h-1,jk}\boldsymbol{v}_{k,t+1}) \end{aligned} \quad (4\text{-}32)$$

在式（4-32）中，$\boldsymbol{v}_{t+h-i}$的每个正交化分量均不再相关，且方差为1，则再进一步计算对$y_{j,\ t+h}$预测的均方误差（MSE）：

$$MSE(\hat{y}_{j,t+h}) = E[(y_{j,t+h} - \hat{y}_{j,t+h})^2] = \sum\nolimits_{k=1}^{n}(\phi_{0,jk}{}^2 + \cdots + \phi_{h-1,jk}{}^2) \quad (4\text{-}33)$$

至此，由式（4-33）就可以计算出第l个变量的正交化冲击对$y_{j,\ t+h}$预测均方误差的贡献比例：

$$\frac{\phi_{0,jl}{}^2 + \cdots + \phi_{h-1,jl}{}^2}{\sum\nolimits_{k=1}^{n}(\phi_{0,jk}{}^2 + \cdots + \phi_{h-1,jk}{}^2)} \quad (4\text{-}34)$$

从式（4-34）可以看出，如果将第l个变量的正交化冲击对$y_{j,\ t+h}$预测均方误差的贡献比例视为预测时期h的函数，就可以将其列表或画图。而且，所有变量对预测均方误差的贡献比例之和为1。此性质就称为“预测误差方差分解”（Forecast-error Variance Decomposition，FEVD）。

由于在推导预测均方误差的贡献比例的过程中同样使用了乔里斯基分解，故FEVD的结论也依赖于VAR系统中的变量顺序。这是FEVD与OIRF共同的不足之处。同样，为了稳妥起见，在具体操作过程中，可以使用前面介绍的三种方法来确定OIRF的变量顺序，这里不再赘述。

4.3 二元Copula函数模型

随着我国期货市场的开放，在对期货市场变量之间的相关性进行研究时，发现很多时候对金融时间序列服从正态分布的假定已经不太适合实际的期货时间序列数据，期货时间序列数据经常会出现非线性、厚尾等特征。因此，针对期货时间序列数据呈现的这些特征，本章构建了二元Copula函数模型来进一步研究股指期货与现货收益率之间的相关性。

4.3.1 二元Copula函数的基本性质

Sklar提出可以将一个N维联合分布函数分解为N个边缘分布函数和一个Copula函数，这个Copula函数描述了变量之间的相关性。Nelsen给出了Copula函数的严格定义，即假定$F(x_1, x_2, \cdots, x_N)$是具有边缘分布$F_{X_1}(x_1)$，$F_{X_2}(x_2)$，…，$F_{X_N}(x_N)$的N元联合密度函数，那么存在一个Copula函数$C(u_1, u_2, \cdots, u_N)$，使得：

$$F(x_1,x_2,\cdots,x_N)=C[F_{X_1}(x_1),F_{X_2}(x_2),\cdots,F_{X_N}(x_N)] \tag{4-35}$$

如果$F_{X_1}(x_1)$，$F_{X_2}(x_2)$，…，$F_{X_N}(x_N)$为连续函数，那么$C(u_1, u_2, \cdots, u_N)$将唯一确定。反之，如果$F_{X_1}(x_1)$，$F_{X_2}(x_2)$，…，$F_{X_N}(x_N)$均为一元分布函数，$C(u_1, u_2, \cdots, u_N)$是一个Copula函数，那么由式(4-35)确定的$F(x_1, x_2, \cdots, x_N)$是具有边缘分布$F_{X_1}(x_1)$，$F_{X_2}(x_2)$，…，$F_{X_N}(x_N)$的N元联合分布函数。

其中，二元Copula函数需要满足以下性质：

① $C(u,v)$关于每一个变量都是单调非降的，即如果保持一个变量不变，那么$C(u,v)$将随着另一个变量的增大而增大或不变。

② 对任意$u,v\in[0,1]$, $C(u,0)=C(0,v)=0$, $C(u,1)=C(1,v)=v$。也就是说，只要有一个变量为0，相应的二元Copula函数值就为0；如果有一个变量为1，那么Copula函数值将由另一个变量确定。

③ 如果$u_1,u_2,v_1,v_2\in[0,1]$，那么$|C(u_2,v_2)-C(u_1,v_1)|\leqslant|u_2-u_1|+|v_2-v_1|$。

④ 如果$0\leqslant u_1\leqslant u_2\leqslant 1$和$0\leqslant v_1\leqslant v_2\leqslant 1$，那么$C(u_2,v_2)-C(u_2,v_1)-C(u_1,v_2)+C(u_1,v_1)\geqslant 0$

⑤ 如果u,v独立且同服从[0,1]上的均匀分布，那么$C(u,v)=uv$。

⑥ 对任意的$u,v\in[0,1]$，$\max(u+v-1,0)\leqslant C(u,v)\leqslant\min(u,v)$。如果令$C^-(u,v)=\max(u+v-1)$，$C^+(u,v)=\min(u,v)$，则$C^-(u,v)$和$C^+(u,v)$给出了任意一个二元Copula函数$C(u,v)$的边界。

4.3.2 常用的二元Copula函数

常用的二元Copula函数大致有五个：

1.二元正态Copula函数

设两个随机变量之间的相关系数为ρ，则二元正态Copula函数可以表示为：

$$C^{Ga}(u,v;\rho)=\int_{-\infty}^{\Phi^{-1}(u)}\int_{-\infty}^{\Phi^{-1}(v)}\frac{1}{2\pi\sqrt{1-\rho^2}}\exp\left\{-\frac{s^2-2\rho st+t^2}{2(1-\rho^2)}\right\}dsdt \tag{4-36}$$

2.二元t-Copula函数

设两个随机变量之间的相关系数为ρ，自由度为k，则二元t-Copula函数可以表示为：

$$C^{t}(u,v;\rho,k)=\int_{-\infty}^{t_k^{-1}(u)}\int_{-\infty}^{t_k^{-1}(v)}\frac{1}{2\pi\sqrt{1-\rho^2}}[1+\frac{s^2-2\rho st+t^2}{k(1-\rho^2)}]^{-(k+2)/2}dsdt \tag{4-37}$$

3.单参数二元GumbelCopula函数

设两个随机变量之间的相关参数为α，则单参数二元GumbelCopula函数可以表示为：

$$C^{G}(u,\ v;\ \alpha)=\exp(-[(-\ln u)^{\alpha}+(-\ln v)^{\alpha}]^{1/\alpha})，式中，\alpha\in[1,\ \infty) \tag{4-38}$$

4.单参数二元ClaytonCopula函数

设两个随机变量之间的相关参数为α，则单参数二元ClaytonCopula函数可以表示为：

$$C^{C}(u,\ v;\ \alpha)=\max([u^{-\alpha}+v^{-\alpha}-1]^{-1/\alpha},\ 0)，式中，\alpha\in[-1,\ \infty\backslash\{0\} \tag{4-39}$$

5.单参数二元FrankCopula函数

设两个随机变量之间的相关参数为α，则单参数二元FrankCopula函数可以表示为：

$$C^{F}(u,\ v;\ \alpha)-\frac{1}{\alpha}\ln(1+\frac{(e^{-\alpha u}-1)(e^{-\alpha v}-1)}{e^{-\alpha}-1})，式中，\alpha\in(-\infty,\ \infty)\backslash\{0\} \tag{4-40}$$

4.3.3 二元Copula函数模型中变量间的相关系数

度量Copula函数模型中随机变量间相关性的方法大致有以下三种：

1.Kendall秩相关系数τ

假定(X_1, Y_1)，(X_2, Y_2)是二维随机向量(X, Y)的两组观测值，若$(X_1 - X_2)(Y_1 - Y_2) > 0$，则$(X_1, Y_1)$和$(X_2, Y_2)$是和谐的（concordant）；反之，如果$(X_1 - X_2)(Y_1 - Y_2) < 0$，则称它们是不和谐的（discordant）。因此，设(X_1, Y_1)，(X_2, Y_2)是相互独立且与(X, Y)具有相同分布的二维随机向量，如果用$P((X_1 - X_2)(Y_1 - Y_2) > 0)$来表示它们之间的和谐概率，用$P((X_1 - X_2)(Y_1 - Y_2) < 0)$表示它们之间的不和谐的概率，那么，这两个概率之差，就称为X与Y的Kendall秩相关系数τ，即

$$\tau = P((X_1 - X_2)(Y_1 - Y_2) > 0) - P((X_1 - X_2)(Y_1 - Y_2) < 0) \tag{4-41}$$

设$(x_i, y_i)(i = 1, 2, \cdots, n)$为取自总体$(X, Y)$的样本，$c$表示其中和谐的观测对数，$d$为不和谐的观测对数，那么样本的Kendall秩相关系数可以表示为

$$\hat{\tau} = \frac{c - d}{c + d} = \frac{c - d}{C_n^2} \tag{4-42}$$

从Kendall秩相关系数的推导过程可以看出，如果对随机变量X和Y进行严格单调且单调性相同的变换，X与Y的kendall秩相关系数τ不会改变。

2. Spearman秩相关系数ρ_s

假定(X_1, Y_1)，(X_2, Y_2)，(X_3, Y_3)是二维随机向量(X, Y)的三组观测值，若$(X_1 - X_2)(Y_1 - Y_3) > 0$，则$(X_1, Y_2)$和$(X_2, Y_3)$是和谐的(concordant)；反之，若$(X_1 - X_2)(Y_1 - Y_3) < 0$，则称它们是不和谐的(discordant)。因此，设(X_1, Y_1)，(X_2, Y_2)，(X_3, Y_3)是相互独立且与(X, Y)具有相同分布的二维随机向量。如果用$P((X_1 - X_2)(Y_1 - Y_3) > 0)$来表示它们之间的和谐概率，用$P((X_1 - X_2)(Y_1 - Y_3) < 0)$表示它们之间的不和谐的概率，那么，这两个概率之差，就称为X与Y的Spearman秩相关系数ρ_s，即

$$\rho_s = 3\left\{P((X_1 - X_2)(Y_1 - Y_3) > 0) - P((X_1 - X_2)(Y_1 - Y_3) < 0)\right\} \tag{4-43}$$

从X与Y的Spearman秩相关系数ρ_s推导过程可以看出，Spearman秩相关系数其实就是(X_1, Y_1)和(X_2, Y_3)的和谐概率与不和谐概率相减后的倍数，由于X_2和Y_3相互独立，因此，也可用(X_3, Y_2)替代(X_2, Y_3)，然后重新推导X与Y之间的Spearman秩相关系数ρ_s，结论不变。若对随机变量X和Y进行严格单调并且单调性相同的变换，X与Y的Spearman秩相关系数ρ_s也仍然保持不变。

假定(X_i, Y_i) ($i=1, 2, \cdots, n$) 为取自总体 (X, Y) 的样本，如果用 L_i 表示 X_i 在 $(X_1, X_2, \cdots, X_n)$ 中的秩，用 K_i 表示 Y_i 在$(Y_1, Y_2, \cdots, Y_n)$中的秩，那么样本的Spearman秩相关系数$\hat{\rho}_s$可以表示为：

$$\hat{\rho}_s = \frac{\sum_{i=1}^{n}(L_i - \bar{L})(K_i - \bar{K})}{\sqrt{\sum_{i=1}^{n}(L_i - \bar{L})^2}\sqrt{\sum_{i=1}^{n}(K_i - \bar{K})^2}} \tag{4-44}$$

式中，$\bar{L} = \frac{1}{n}\sum_{i=1}^{n} L_i$；$\bar{K} = \frac{1}{n}\sum_{i=1}^{n} K_i$。

3.尾部相关系数λ

假定连续随机变量 (X, Y) 的边缘分布函数分别为F (x) 和G (y)，那么：

$$\lambda^{up} = \lim_{u \to 1^-} p[Y > G^{-1}(u) | X > F^{-1}(u)] \tag{4-45}$$

$$\lambda^{lo} = \lim_{u \to 0^+} p[Y < G^{-1}(u) | X < F^{-1}(u)] \tag{4-46}$$

分别称为X与Y的上尾相关系数和下尾相关系数。

如果λ^{up}或λ^{lo}存在并且为正，那么随机变量X，Y就是上尾相关或下尾相关的；如果λ^{up}或λ^{lo}为0，那么X，Y是上尾渐进独立或下尾渐近独立的。

4.3.4　二元Copula函数变量间的相关性度量

针对二元正态Copula、二元t-Copula、二元Gumbel Copula、二元Clayton Copula和二元Frank Copula五种常用的Copula函数，为节省篇幅，下面略去推导过程，直接将Kendall秩相关系数τ、Spearman秩相关系数ρ_s、尾部相关系数λ的解析表达式列表（见表4-1）。

表4-1　Kendall秩相关系数τ、Spearman秩相关系数ρ_s、尾部相关系数λ的解析表达式

二元Copula函数	Kendall秩相关系数τ	Spearman秩相关系数ρ_s	下尾相关系数λ^{lo}	上尾相关系数λ^{up}
正态Copula	$\frac{2\arcsin\rho}{\pi}$	$\frac{6\arcsin\frac{\rho}{2}}{\pi}$	0	0
t-Copula	$\frac{2\arcsin\rho}{\pi}$	$\frac{6\arcsin\frac{\rho}{2}}{\pi}$	$2-2t_{k+1}(\frac{\sqrt{k+1}\sqrt{1-\rho}}{\sqrt{1+\rho}})$	
Gumbel Copula	$1-\frac{1}{\alpha}$	无	0	$2-2^{1/\alpha}$
Clayton Copula	$\frac{\alpha}{2+\alpha}$	无	$-2^{1/\alpha}$	0
Frank Copula	$1+\frac{4(D_1(\alpha)-1)}{\alpha}$	$1+\frac{12(D_2(\alpha)-D_1(\alpha))}{\alpha}$	0	0

表4-1中，$D_l(x)=\frac{l}{x^l}\int_0^x\frac{t^l}{e^t-1}dt$为Debye函数；$t_{k+1}(\frac{\sqrt{k+1}\sqrt{1-\rho}}{\sqrt{1+\rho}})$表示自由度为$k+1$的$t$分布的分布函数在$\frac{\sqrt{k+1}\sqrt{1-\rho}}{\sqrt{1+\rho}}$处的函数值。

4.4 股指期货与现货收益率相关性的简单统计性描述

本章采用的股指期货收益率序列数据由沪深300股指期货当月合约日收盘价连续数据计算得到，数据区间为2010年4月19日至2021年12月31日，原始相关数据数据来源于中国金融期货交易所网站。现货收益率数据由沪深300股指日收盘价连续数据计算得到，数据区间同样为2010年4月19日至2021年12月31日，原始相关数据来源于网易财经网

站。其中，沪深300指数现货是由上海和深圳证券市场中市值大、流动性好的300只A股作为样本编制而成的成分股指数，具有良好的市场代表性。股指期货与现货收益率的简单性统计见表4-2，数据运行所使用的软件为Stata。

表4-2　　**股指期货与现货收益率的简单描述性统计**

	样本容量	样本均值	标准差	最小值	最大值
期货收益率	2 848	0.0001298	0.0159381	−0.1517305	0.0973706
现货收益率	2 848	0.0001357	0.0144358	−0.0915422	0.0649881

从表4-2可以看出，在所选数据的区间段内，股指期货与现货收益率无论在均值、标准差以及最小值、最大值等维度方面都相差无几，两种收益率间的协同作用都很显著。下面从股指期货与现货收益率的走势图来直观地看一下两种收益率的相关性，如图4-1所示。

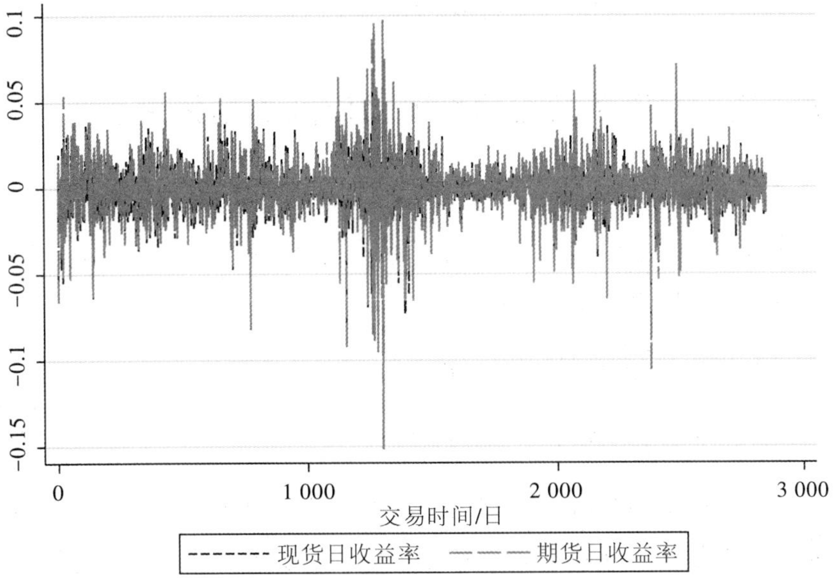

图4-1　股指期货与现货收益率的走势图

如图4-1所示，把股指期货收益率的走势与现货收益率的走势放在同一张图中进行对比，可以发现它们的走势基本相同，直观上，股指期货与现货收益率具有很强劲的联动性，这也符合投资者的主观认识。

下面，从两种收益率的相关系数（表4-3），来观察两种收益率的相关性。

表4-3　**股指期货与现货收益率间的相关系数及显著性**

	Pearson	Spearman	Kendall	显著性（5%）
相关系数	0.9282	0.9254	0.7935	显著
P-Value	0.0000	0.0000	0.0000	

从两种收益率的相关系数及显著性方面，也可以看出股指期货与现货收益率有很强的相关性。总之，从股指期货与现货收益率之间的简单描述性统计、相关系数及走势图，可以从直观上得出两种收益率之间有很强的相关性、联动性。股指期货与现货收益率基本上受到相同的因素的干扰而具有基本相同的走势，表明股指期货与现货收益率的相关性很强，因此在股指期货市场上进行与现货市场方向相反的套期保值操作，能在一定程度上分散现货市场的投资风险。

4.5　从VAR角度检验两种收益率间的相关关系

为了从因果关系检验两者的相关性，将现货收益率与期货收益率分别作为两个回归方程的被解释变量，解释变量是这两个变量的P阶滞后值，构建一个VAR模型：

$$\begin{cases} xhsyl_{1t} = \theta_1 + \sum_{i=1}^{p}\alpha_i xhsyl_{t-i} + \sum_{j=1}^{p}\beta_j qhsyl_{t-j} + \varepsilon_{1t} \\ qhsyl_{2t} = \theta_2 + \sum_{i=1}^{p}\gamma_i xhsyl_{t-i} + \sum_{j=1}^{p}\lambda_j qhsyl_{t-j} + \varepsilon_{2t} \end{cases} \tag{4-47}$$

式中，$xhsyl_{1t}$和$qhsyl_{2t}$分别表示现货收益率和期货收益率，$xhsyl_{t-i}$和$qhsyl_{t-j}$分别表示现货收益率和期货收益率的滞后项，ε_{1t}和ε_{2t}分别为两个方程的残差项，且为白噪声过程，也就是说不存在自相关性。但是，可以允许两个方程的残差项之间存在同期相关性：

$$Cov\left(\varepsilon_{1t},\varepsilon_{2t}\right) = \begin{cases} \sigma_{12},若t = s \\ 0,其他 \end{cases} \tag{4-48}$$

4.5.1 VAR模型参数估计

为了正确估计上述VAR模型参数，首先需要确定该VAR模型的滞后阶数，以保证残差项为白噪声过程。通过统计软件反复试验，选择滞后4阶，刚好能保证残差项在5%的水平上为白噪声。股指期货与现货收益率之间的VAR模型及自相关检验结果分别见式（4-49）和表4-4。

$$\begin{cases} xhsyl_{1t} = \theta_1 + \sum_{i=1}^{4}\alpha_i xhsyl_{t-i} + \sum_{j=1}^{4}\beta_j qhsyl_{t-j} + \varepsilon_{1t} \\ qhsyl_{2t} = \theta_2 + \sum_{i=1}^{4}\gamma_i xhsyl_{t-i} + \sum_{j=1}^{4}\lambda_j qhsyl_{t-j} + \varepsilon_{2t} \end{cases} \tag{4-49}$$

由表4-4可知，经过自相关检验，滞后阶数$p=4$时，可以接受残差项“无自相关”的原假设，即残差项为白噪声过程。

表4-4　　VAR模型残差项自相关估计结果

lag	chi2	df	Prob>chi2
1	2.054	4	0.72583
2	8.6658	4	0.07002

然后，检验VAR模型各系数的联合显著性，见表4-5。

由表4-5可知，虽然单一方程的某些系数不显著，但是作为两个方程的整体，各阶系数高度显著。

表4-5　　VAR模型各系数的联合显著性

	equation: xhsyl			equation: qhsyl			equation: all		
lag	chi2	df	p>chi2	chi2	df	p>chi2	chi2	df	p>chi2
1	28.52762	2	0.000	2.931878	2	0.231	393.4738	4	0.000
2	1.101521	2	0.577	22.96173	2	0.000	192.2928	4	0.000
3	1.86129	2	0.394	46.51401	2	0.000	285.1569	4	0.000
4	1.226609	2	0.542	8.64236	2	0.013	43.67282	4	0.000

进一步检验该VAR模型是否稳定及残差项是否服从正态分布，检验结果分别如图4-2及表4-6所示。

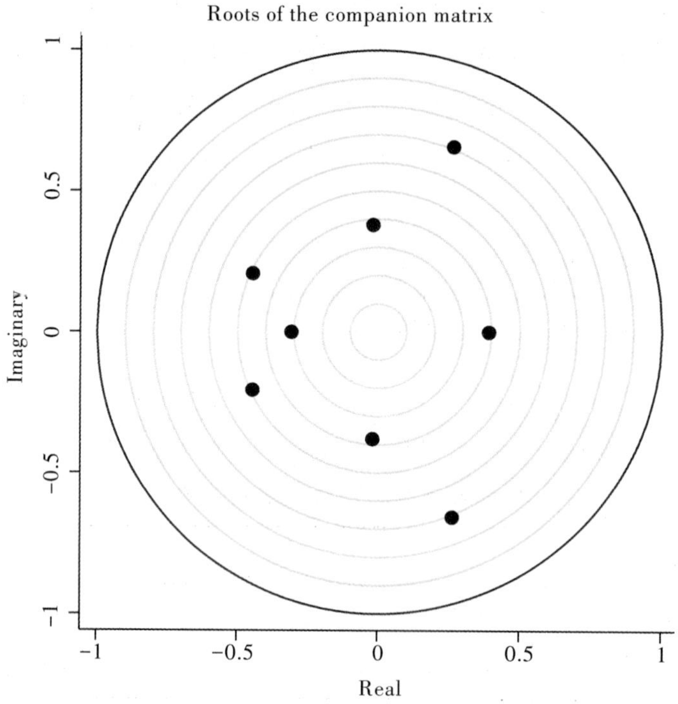

注："Roots of companion matrix"表示伴随矩阵的根，"Real"表示特征值的实部，"Imaginary"表示特征值的虚部。

图4-2 VAR模型的稳定性判别图

由图4-2可知，所有特征值均在单位圆之内，而且明显远离单位圆边界。因此，该VAR模型为平稳过程。

表4-6显示，各项指标值均可在1%的显著性水平上拒绝该VAR模型残差服从正态分布的原假设。虽然残差不服从正态分布，对该VAR模型的系数估计影响不大，但是，残差呈非正态分布表明该VAR模型可能偏离了真实的数据生成过程，由此，可能使得用该VAR模型预测出的未来值的波动范围出现偏差。

表4-6 VAR模型残差是否服从正态分布检验结果

	Jarque-Bera	Skewness	Kurtosis
P-Value	0.0000	0.0000	0.0000

4.5.2 VAR模型Granger检验

为了考察两种收益率之间是否具有因果关系，接着对该VAR模型进行格兰杰因果检验，结果见表4-7。

表4-7 股指期货与现货收益率之间的格兰杰检验

equation	excluded	chi2	df	prob>chi2
xhsyl	qhsyl	34.363	4	0.000
	all	34.363	4	0.000
qhsyl	xhsyl	51.428	4	0.000
	all	51.428	4	0.000

表4-7上半部分显示，在以现货收益率为被解释变量的方程中，检验期货收益率系数的联合显著性，其卡方统计量为34.363，相应的P值为0.000，故可认为期货收益率是现货收益率的格兰杰原因。

表4-7下半部分显示，在以期货收益率为被解释变量的方程中，检验现货收益率的联合显著性，其卡方统计量为51.428，相应的P值为0.000，故可认为现货收益率是期货收益率的格兰杰原因。

为了更准确地考察两种收益率之间的格兰杰关系，将该VAR模型的滞后阶数分别改为滞后1阶、滞后2阶、滞后3阶，重新估计该VAR模型，然后分别再次进行Granger因果检验。经过稳健性检验，确认现货收益率是期货收益率的格兰杰原因，期货收益率是现货收益率的格兰杰原因。因此，在该VAR模型中，股指期货与现货收益率互为格兰杰因果。

4.5.3 股指期货与现货收益率间的脉冲响应

在由股指期货与现货收益率构成的VAR模型中，由于两个变量之间存在着动态关系，若其中一个变量在t时期受到来自残差项的一个冲击，那么股指期货与现货收益率的当期值和未来值就会发生一连串的联动脉冲。因此，利用两种收益率之间的脉冲效应，不仅可以描述残差项的一个冲击对两种收益率当期值和未来值的影响，还可以对两个变量的脉冲响应进行对比分析。这样，不但可以判断两个变量所受到的脉冲效应的大小，还能进一步判断股指期货与现货收益率之间的互动关系。进一步考察该VAR模型中股指期货与现货收益率之间的脉冲响应，结果如图4-3所示。

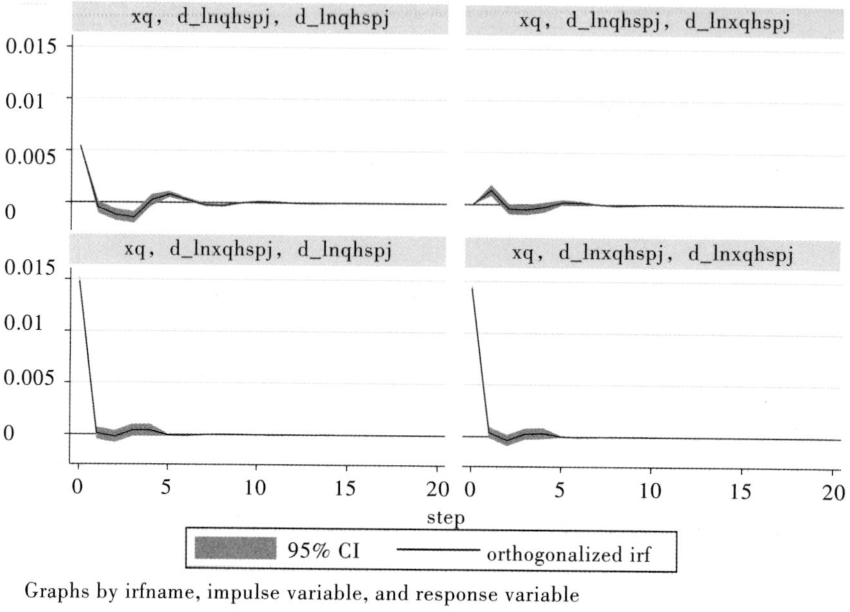

注："step"表示滞后阶数，其中每个小图的标题依次为"irfname"（此处为xq），"impulse variable"（脉冲变量），"response variable"（响应变量）。

图4-3　股指期货与现货收益率之间的脉冲响应

由图4-3可知，第一行的两个小图均以期货收益率为脉冲变量，分别描绘期货收益率对期货收益率本身、现货收益率的脉冲效应。第二行的两个小图均以现货收益率为脉冲变量，分别描绘现货收益率对期货收益率、现货收益率本身的脉冲效应。下面依次对上面的四个小图进行描述：左上方小图和右上方小图分别描绘的是期货收益率对期货收益率本身和现货收益率的标准信息冲击，无论是期货收益率本身，还是现货收益率，都显示出对来自期货收益率一个标准信息的脉冲响应反应非常灵敏，这样的状态一直维持到第10期，然后才变得比较平稳。左下方小图表示期货收益率对来自现货收益率一个标准信息冲击的响应，从图形上可以看出，期货收益率反应比较灵敏，一直到第5期，都有比较明显的波动，在随后的期数内，波动变得比较平稳。右下方的小图表示现货收益率对来自本身一个标准信息的脉冲响应，当产生一个标准冲击时，现货收益率的反应变得非常灵敏，到了大约第5期时，现货收益率才有一个明显的下降，然后又变得比较平稳，中间没有大的波动，这样的状态一直维持到第20期。

通过上面的脉冲响应图可以看出，相较于现货收益率对期货收益率的一个标准信息冲击，期货收益率的变化对现货收益率的冲击更为猛烈，影响力也很持久。由此说明，当市场上出现标准信息冲击的时候，期货收益率能够快速地作出反应，与此同时，期货收益率的变化也能够很快地反映到现货收益率上来。但是，当市场上出现一个标准信息冲击时，现货收益率的反应不如期货收益率的反应那样灵敏、快速。因此，从两种收益率受冲击后的反应可以看出，相对应现货收益率的影响力，期货收益率的影响力相对更大，说明了股指期货收益率在引导方面处于主导地位。

4.5.4 股指期货与现货收益率变动的预测误差方差分解

脉冲响应函数描述的是在VAR模型中一个变量在t时期所产生的一个标准信息冲击对另一个变量的影响。而预测误差方差分解描述的是在VAR模型中，一个变量在变动过程中各个变量的影响力所占的比重。因此，下面进一步考察该VAR模型中股指期货与现货收益率之间的预测误差方差分解，结果见表4-8。

由表4-8左半部分可以看出，如果向前作1日预测，现货收益率的预测误差全部来自现货收益率本身；如果作向前10日预测，则现货收益率的预测方差仍然有98.7978%来自现货收益率本身，来自期货收益率的份额占1.2022%。这表明现货收益率对自身的影响力还是比较大的。

表4-8 股指期货与现货收益率之间的预测误差方差分解

step	response=xhsyl		response=qhsyl	
	(1) fevd	(2) fevd	(1) fevd	(2) fevd
0	0	0	0	0
1	1	0	0.881583	0.118417
2	0.990923	0.009077	0.880725	0.119275
3	0.990002	0.009998	0.875394	0.124606
4	0.988789	0.011211	0.868064	0.131936
5	0.988484	0.011516	0.867951	0.132049
6	0.98823	0.01177	0.865798	0.134202
7	0.988039	0.011961	0.865566	0.134434
8	0.988039	0.011961	0.865402	0.134598
9	0.987993	0.012007	0.865141	0.134859
10	0.987978	0.012022	0.86514	0.13486

注：（1）fevd,impulse=xhsyl; （2）fevd,impulse=qhsyl

从表4-8右半部分可以看出，如果向前作1日预测，期货收益率的预测误差有88.1583%来自现货收益率，11.8417%来自期货收益率本身；如果作向前10日预测，则期货收益率的预测方差有86.514%来自现货收益率，13.486%来自本身。这表明期货收益率对自身的影响力不如现货收益率对其的影响力大。

通过以上股指期货与现货收益率之间的预测误差方差分解实证分析可以发现，随着预测期数的增加，现货收益率变动中自身所占的比重呈缓慢下降的态势，期货收益率变动中自身收益率所占的比重呈缓慢上升的态势，但是就所占比重来讲，期货收益率所占的比重始终比现货收益率所占的比重要大。在现货收益率变动中，由期货收益率变动引起的所占比重，随着预测期数的增加，整体上呈现上升的态势。而在现货收益率变动中，自身引起的变动所占比重，随着预测期数的增加，整体上呈现下降的态势。因此，对于现货收益率来讲，期货收益率更具有引导作用。这与两种收益率之间的脉冲响应分析得出的结论是一致的。从长期来看，随着时间的推移，现货收益率无论对其自身，还是对期货收益率，影响力都在下降；而期货收益率无论对其自身，还是对现货收益率，影响力都在上升。

4.6 股指期货与现货收益率间的二元Copula相关性模型

随着期货市场的发展，变量之间的相关模式越来越复杂，呈现出非线性、非对称、尾部相关等特性，过去常用的线性相关度量方法已经不能满足期货市场发展的需要。因此，我们将从另一个角度——二元Copula模型，来刻画股指期货与现货收益率之间的相关性。

为了更好地运用二元Copula模型来刻画股指期货与现货收益率之间的相关性，本节中，在收益率的计算方面，首先将股指期货日收盘价和现货日收盘价分别取自然对数，再以自然对数差分形式表征收益率。具体的计算公式已经在前面给出，这里不再赘述。样本数据区间段同样是2010年4月19日至2021年12月31日，运行数据所用的软件为Matlab。

4.6.1 股指期货与现货收益率序列边缘分布的确定

令qhsyl、xhsyl分别表示股指期货收益率、现货收益率，为了构造两者的二元Copula模型，首先需要确定qhsyl和xhsyl的边缘分布。确定随机变量边缘分布的方法大致有两种：参数法和非参数法。简单来说，参数法就是假定随机变量服从某种含有参数的分布，如正态分布、t分布、卡方分布等常见的分布，然后利用样本观测值估计既定分布中的参数，最后求出随机变量的分布。非参数法就是基于经验分布、核密度估计，把样本的经验分布函数、核分布估计作为随机变量的分布的近似。

首先运用参数法作股指期货与现货收益率的频率直方图，并和正态曲线相比较，得到图4-4、图4-5。

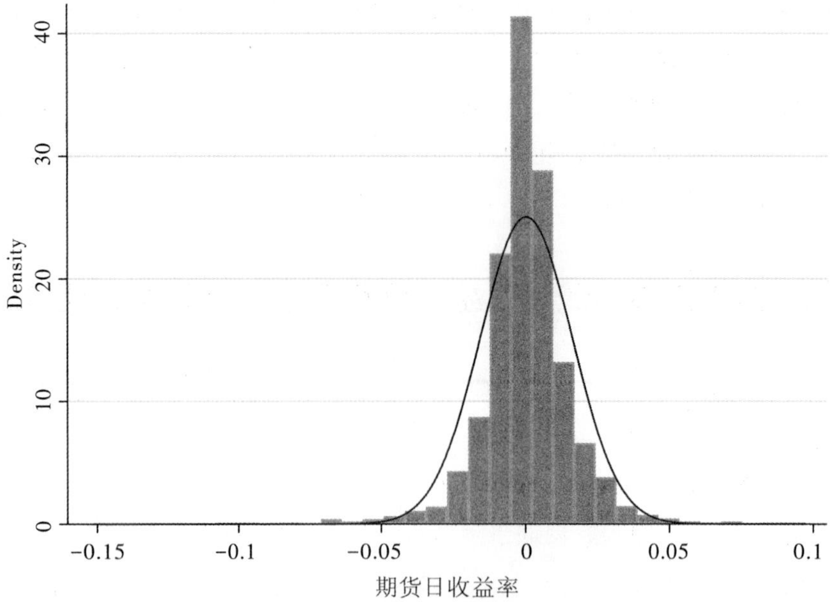

注："Density"表示股指期货日收益率的边缘分布。

图 4-4 股指期货收益率的频率直方图和正态曲线对比图

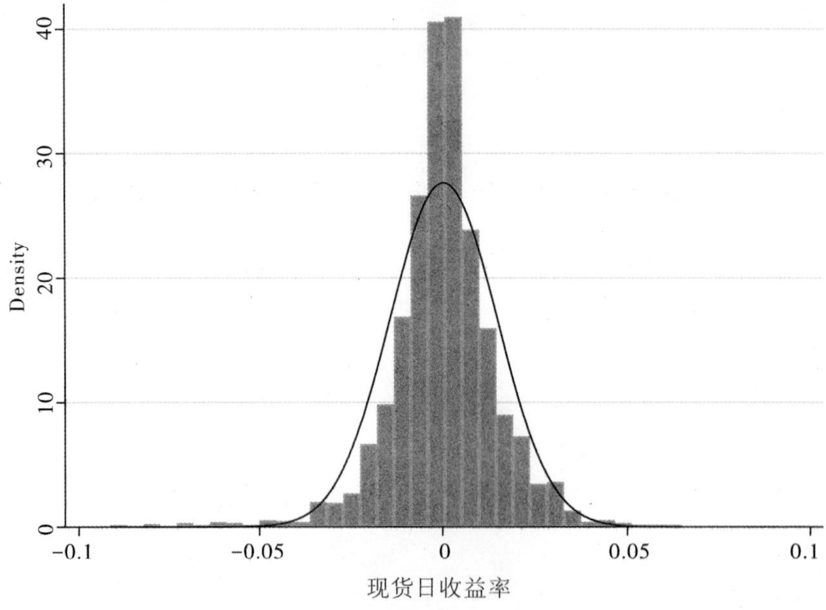

注："Density"表示股指现货日收益率的边缘分布。

图 4-5 现货收益率的频率直方图和正态曲线对比图

从图4-4、图4-5可以看出，股指期货收益率和股指现货收益率均呈现尖峰厚尾的特点，而正态分布是薄尾分布，从而可以作出初步判断：股指期货与现货收益率均不服从正态分布。

下面进一步对股指期货与现货收益率进行正态性检验，结果见表4-9。

表4-9　**股指期货与现货收益率的正态性检验**

	sktest	swilk	sfrancia	D-Agostino	结论
期货收益率 P-Value	0.0000	0.0000	0.0000	0.0000	拒绝正态分布原假设
现货收益率 P-Value	0.0000	0.0000	0.0000	0.0000	拒绝正态分布原假设

表4-9检验结果显示，接受股指期货与现货收益率服从正态分布原假设的p-value均小于0.01，再结合上面的频率直方图和正态曲线的对比图，可以得出结论：股指期货与现货收益率均不服从正态分布。

从股指期货与现货收益率的频率直方图来看，两者均是服从某种对称的尖峰厚尾分布，这在常见的分布中很难找到这种类型的分布。当两种收益率的边缘分布不容易确定时，可以利用非参数法作股指期货与现货收益率的经验分布函数图和核分布估计图来确定两种收益率的分布，得到图4-6、图4-7。

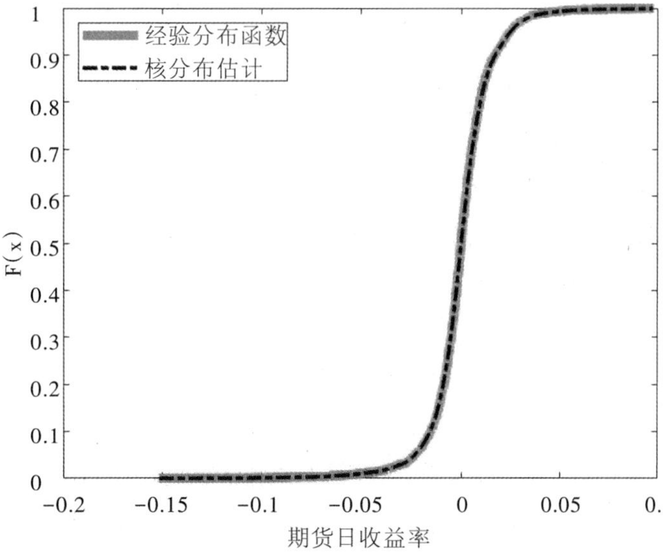

图4-6　股指期货收益率的经验分布函数图和核分布估计图

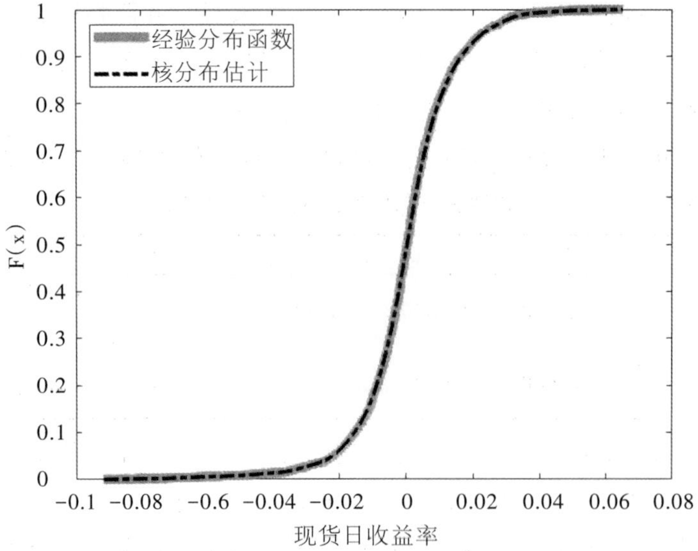

图 4-7 现货收益率的经验分布函数图和核分布估计图

图4-6、图4-7分别给出了股指期货收益率与股指现货收益率的经验分布函数图与核分布估计图，可以直观地看到，经验分布函数图与核分布估计图基本重合，采用的两种非参数法都可以很好地对数据进行拟合，而且拟合程度相当高。

4.6.2 合适的二元copula函数模型

在确定股指期货收益率的边缘分布函数 $U = F(qhsyl)$ 与现货收益率的边缘分布函数 $V = G(xhsyl)$ 后，就可以构建适当的二元copula函数模型。首先，绘制两种收益率的二元频数直方图，如图4-8所示。然后，在二元频数直方图的基础上，再绘制二元频率直方图，作为对二元copula密度函数的估计，如图4-9所示。

从两种收益率的二元频率直方图可以看出，频率直方图具有基本对称的尾部，也就是说，股指期货收益率与现货收益率的二元copula密度函数具有对称的尾部。根据此特征，通过软件Matlab把五种常用的二元copula密度函数中的相关参数求出来，得到各个二元copula密度函数，同时利用Matlab软件把五种二元copula密度函数对应的图形也绘制出来。通过图形的直观对照，初步选出合适的两种收益率的二元copula函数模型。

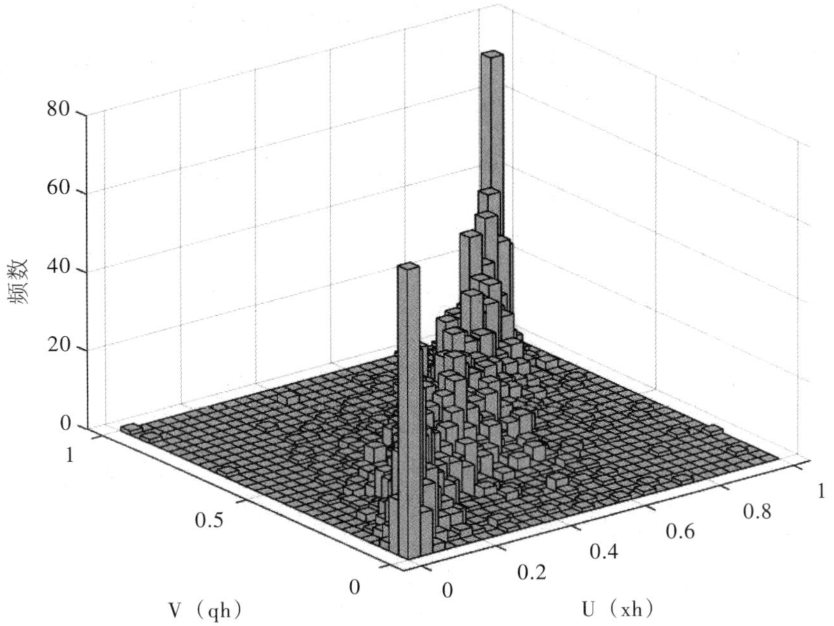

图 4-8　两种收益率的二元频数直方图

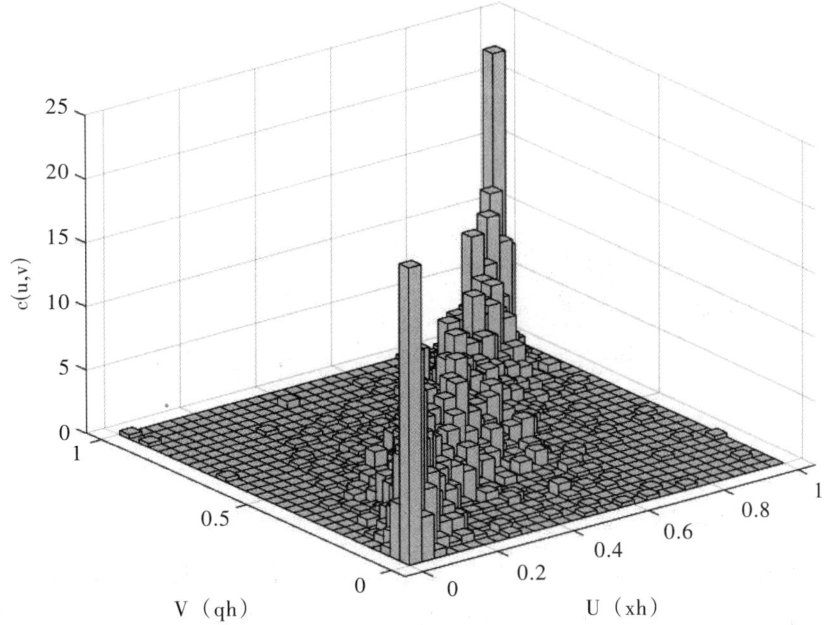

图 4-9　两种收益率的二元频率直方图

通过计算，两种收益率的二元正态copula函数模型中的相关参数ρ的估计值为rho_norm=0.9333，将此参数代入式（4-50），得到两种收益率的二元正态Copula函数式（4-51）。

$$C^{Ga}(u,v;\rho)=\int_{-\infty}^{\Phi^{-1}(u)}\int_{-\infty}^{\Phi^{-1}(v)}\frac{1}{2\pi\sqrt{1-\rho^2}}\exp\left\{-\frac{s^2-2\rho st+t^2}{2(1-\rho^2)}\right\}dsdt \tag{4-50}$$

$$C^{Ga}(u,v;0.9333)=\int_{-\infty}^{\Phi^{-1}(u)}\int_{-\infty}^{\Phi^{-1}(v)}\frac{1}{2\pi\sqrt{1-0.9333^2}}\exp\left\{-\frac{s^2-2\times 0.9333st+t^2}{2(1-0.9333^2)}\right\}dsdt \tag{4-51}$$

如图4-10所示，两种收益率的二元正态copula函数具有对称的尾部，无法捕捉到随机变量之间的非对称的尾部相关关系。根据二元正态copula函数上尾相关系数和下尾相关系数均为0可知，在分布的尾部，变量之间是渐进独立的。

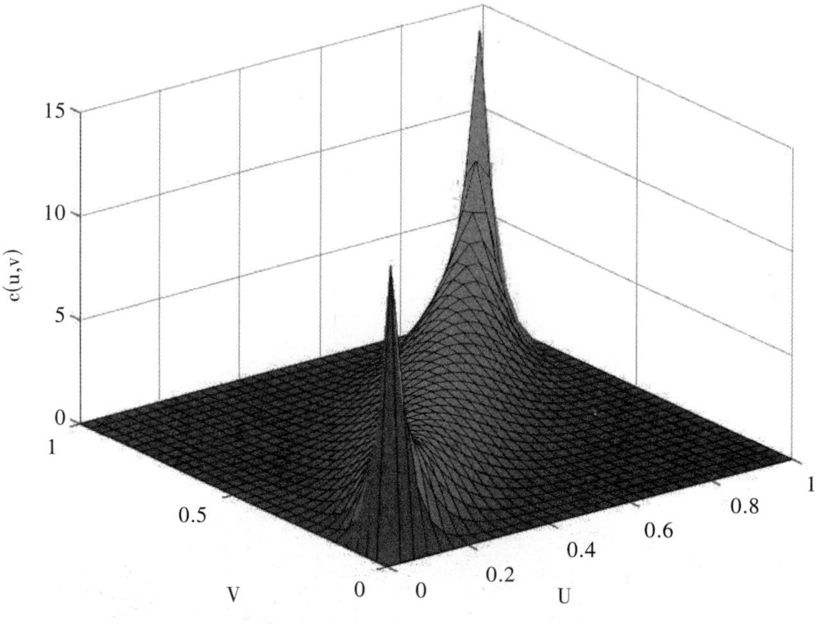

图4-10　两种收益率的二元正态copula函数的分布密度图

通过计算，两种收益率的二元t-copula函数模型中的参数rho_t和自由度k的估计值分别为0.9503和2.1274，将这两个参数代入式（4-52）得到两种收益率的二元t-copula函数式（4-53）。

$$C^{t}(u,v;\rho,k)=\int_{-\infty}^{t_k^{-1}(u)}\int_{-\infty}^{t_k^{-1}(v)}\frac{1}{2\pi\sqrt{1-\rho^2}}[1+\frac{s^2-2\rho st+t^2}{k(1-\rho^2)}]^{-(k+2)/2}dsdt \tag{4-52}$$

$$C^{t}(u,v;0.9503,2.1274)=\int_{-\infty}^{t_k^{-1}(u)}\int_{-\infty}^{t_k^{-1}(v)}\frac{1}{2\pi\sqrt{1-0.9503^2}}[1+\frac{s^2-2\times0.9503st+t^2}{2.1274\times(1-0.9503^2)}]^{-(2.1274+2)/2}dsdt \tag{4-53}$$

如图4-11所示，两种收益率的二元t-copula函数具有对称的尾部，且尾部较厚，对随机变量之间的尾部相关的变化较为敏感，能更好地捕捉到随机变量之间的对称的尾部相关关系，但是无法捕捉到随机变量之间的非对称的尾部相关关系。

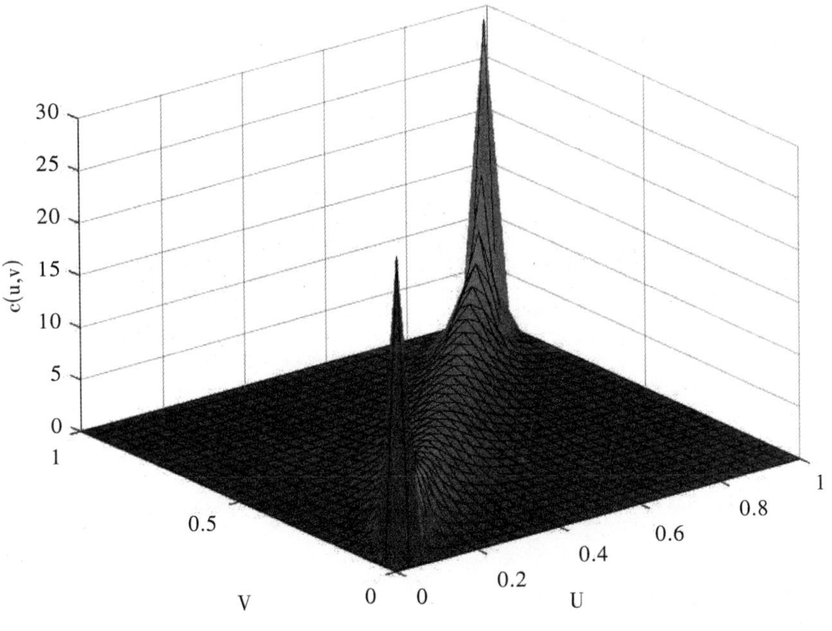

图4-11　两种收益率的二元t-copula函数的分布密度图

通过计算，两种收益率的二元Gumbel Copula函数的相关函数alpha值为4.8124，将此参数代入式（4-54）得到两种收益率的二元Gumbel Copula函数式（4-55）。

$$C(u,v;\alpha)=\exp(-[(-\ln u)^{\alpha}+(-\ln v)^{\alpha}]^{1/\alpha}) \tag{4-54}$$

$$C(u,v;4.8124)=\exp(-[(-\ln u)^{4.8124}+(-\ln v)^{4.8124}]^{1/4.8124}) \tag{4-55}$$

如图4-12所示，两种收益率的二元Gumbel Copula函数具有不对称的尾部，能捕捉到随机变量之间的非对称的尾部相关关系。二元Gumbel Copula的密度函数图像呈“J”字形，上尾高、下尾低。也就是说，二元Gumbel Copula函数对随机变量在分布的上尾部的变化比较敏感，能够捕捉到上尾部相关的变化。若两个随机变量之间的相关结构可由Gumbel Copula函数来描述，说明在分布的上尾部，变量之间具有较强的相关性，而在分布的下尾部，变量之间则是渐进独立的。

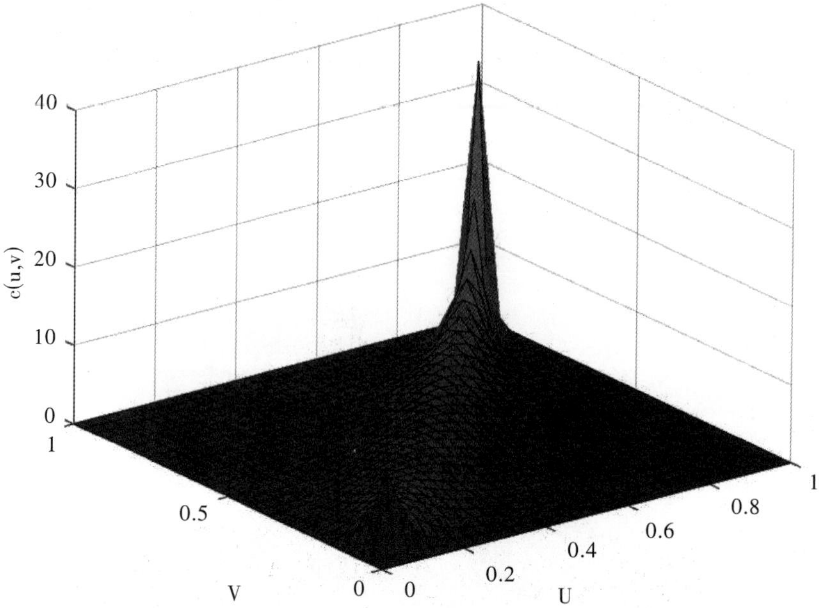

图4-12 两种收益率的二元Gumbel copula函数的分布密度图

通过计算，两种收益率的二元Clayton Copula函数的相关函数alpha值为5.1465，将此参数代入式（4-56）得到两种收益率的二元Clayton Copula函数式（4-57）。

$$C(u,v;\alpha)=\max([u^{-\alpha}+v^{-\alpha}-1]^{-1/\alpha},0) \tag{4-56}$$

$$C(u,v;5.1465)=\max([u^{-5.1465}+v^{-5.1465}-1]^{-1/5.1465},0) \tag{4-57}$$

如图4-13所示，两种收益率的二元Clayton Copula函数具有不对称的尾部，能捕捉到随机变量之间的非对称的尾部相关关系。二元Clayton Copula的密度函数图形呈“L”形，下尾高、上尾低。也就是说，二元Clayton Copula函数对随机变量在分布的下尾部的变化比较敏感，能够捕捉到下尾相关的变化。若两个随机变量之间的相关结构可由Clayton Copula函数来描述，说明在分布的下尾部，变量之间具有较强的相关性，而在分布的上尾部，变量之间则是渐进独立的。

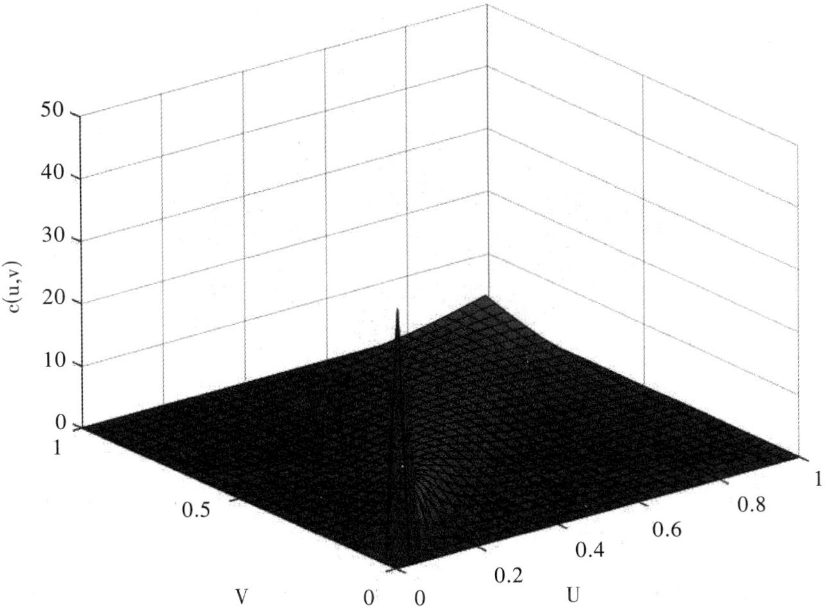

图4-13 两种收益率的二元Clayton copula函数的分布密度图

通过计算，两种收益率的二元Frank Copula函数的相关函数alpha值为17.9813，将此参数代入式（4-58）得到两种收益率的二元Frank Copula函数式（4-59）。

$$C(u,v;\alpha)=-\frac{1}{\alpha}\ln(1+\frac{(e^{-\alpha u}-1)(e^{-\alpha v}-1)}{e^{-\alpha}-1}) \tag{4-58}$$

$$C(u,v;17.9813)=-\frac{1}{17.9813}\ln(1+\frac{(e^{-17.9813u}-1)(e^{-17.9813v}-1)}{e^{-17.9813}-1}) \tag{4-59}$$

如图4-14所示，两种收益率的二元Frank Copula函数具有对称的尾部，它无法捕捉到随机变量之间的非对称的尾部相关关系。由于二元Frank Copula函数下尾相关系数和上尾相关系数均为0，所以在分布的两个尾部，变量之间是渐进独立的。

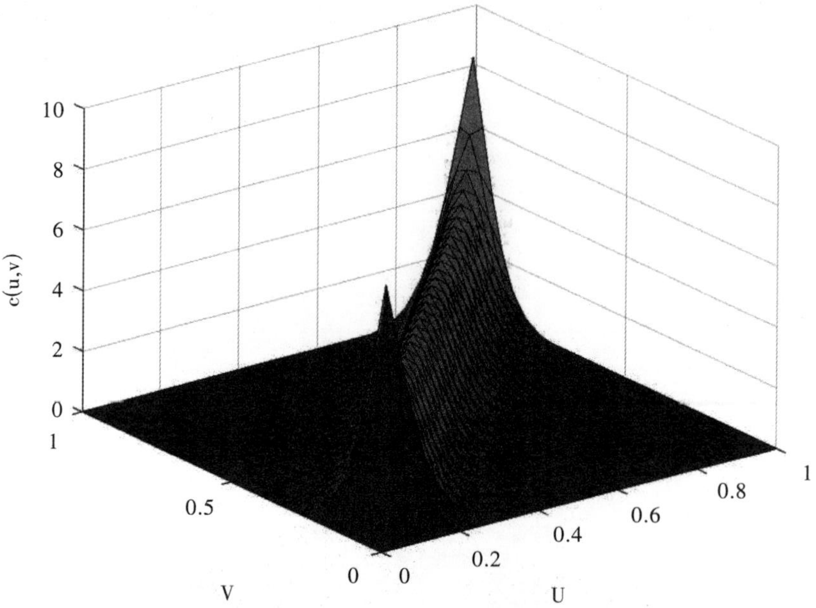

图4-14　两种收益率的二元Frank copula函数的分布密度图

总的来说，两种收益率的二元正态Copula函数和Frank Copula函数适合于具有对称尾部，并且尾部渐进独立的二维随机向量；二元t-Copula函数适合于具有对称尾部，并且尾部相关的二维随机向量；二元Gumbel Copula函数适合于具有非对称尾部，并且上尾相关、下尾渐进独立的二维随机向量；二元Clayton Copula函数适合于具有非对称尾部，并且下尾相关、上尾渐进独立的二维随机向量。

因此，把股指期货与现货收益率的二元频率直方图与上面五种二元Copula函数图进行对比可以看出，二元正态Copula函数、二元t-Copula函数和二元Frank Copula函数与该二元频率直方图比较相符。但是，具体哪个二元Copula函数更符合，需要引进经验Copula函数，通过量化指标进行最终确定。

4.6.3　最优二元Copula函数模型的确定

为了确定最合适的二元Copula函数模型，需要引入经验Copula函数。

设$(x_i, y_i)(i=1, 2, \cdots, n)$为取自二维总体$(X, Y)$的样本，记$X$，$Y$的经验分布函数分别为$F_n(x)$和$G_n(y)$，定义样本的经验Copula函数为：

$$\hat{C}_n(u, v)=\frac{1}{n}\sum_{i=1}^{n} I_{[F_n(x_i)\leqslant u]} I_{[G_n(y_i)\leqslant v]},\ u,\ v\in[0,\ 1] \tag{4-60}$$

式中，$I_{[\cdot]}$为示性函数，当$F_n(x_i)\leqslant u$时，$[F_n(x_i)\leqslant u]=1$，否则$I[F_n(x_i)\leqslant u]=0$；对$G_n(y_i)\leqslant v$，也是如此解释。

引进经验Copula函数后，再计算式（4-51）、式（4-53）、式（4-55）、式（4-57）及式（4-59）的二元正态Copula$\hat{C}^{Ga}(u, v)$、二元t-Copula$\hat{C}^{t}(u, v)$、二元Gumbel Copula$\hat{C}^{G}(u, v)$、二元Clayton Copula$\hat{C}^{C}(u, v)$及二元Frank copula$\hat{C}^{F}(u, v)$与经验Copula函数的平方欧氏距离，得到下列各式：

$$d_{Ga}^2=\sum_{i=1}^{n}|\hat{C}^{Ga}(u_i,v_i)-\hat{C}_n(u_i,v_i)|^2 \tag{4-61}$$

$$d_t^2=\sum_{i=1}^{n}|\hat{C}^{t}(u_i,v_i)-\hat{C}_n(u_i,v_i)|^2 \tag{4-62}$$

$$d_G^2=\sum_{i=1}^{n}|\hat{C}^{G}(u_i,v_i)-\hat{C}_n(u_i,v_i)|^2 \tag{4-63}$$

$$d_C^2=\sum_{i=1}^{n}|\hat{C}^{C}(u_i,v_i)-\hat{C}_n(u_i,v_i)|^2 \tag{4-64}$$

$$d_F^2=\sum_{i=1}^{n}|\hat{C}^{F}(u_i,v_i)-\hat{C}_n(u_i,v_i)|^2 \tag{4-65}$$

式中，$u_i=F_n(x_i)$，$v_i=G_n(y_i)(i=1, 2, \cdots, n)$。这里的$d_{Ga}^2$、$d_t^2$、$d_G^2$、$d_C^2$、$d_F^2$分别反映了二元正态Copula $\hat{C}^{Ga}(u, v)$、二元t-Copula$\hat{C}^{t}(u, v)$、二元Gumbel Copula$\hat{C}^{G}(u, v)$、二元Clayon Copula$\hat{C}^{C}(u, v)$、二元Frank Copula$\hat{C}^{F}(u, v)$拟合收益率数据的情况，在（d_{Ga}^2、d_t^2、d_G^2、d_C^2、d_F^2）中的最小者，也就是说，与经验Copula函数的平方欧氏距离最短者，所对应的二元Copula函数为最优的二元Copula函数模型。

由计算出的平方欧氏距离可知，相关参数为0.9333的二元正态Copula与经验Copula函数的平方欧氏距离为：

$$d_{Ga}^2 = \sum_{i=1}^{n} |\hat{C}^{Ga}(u_i,v_i) - \hat{C}_n(u_i,v_i)|^2 = 0.1051 \tag{4-66}$$

相关参数为0.9503，自由度为2.1274的二元t-Copula与经验Copula函数的平方欧氏距离为：

$$d_t^2 = \sum_{i=1}^{n} |\hat{C}^t(u_i,v_i) - \hat{C}_n(u_i,v_i)|^2 = 0.0251 \tag{4-67}$$

相关参数为4.8124的二元Gumbel Copula与经验Copula函数的平方欧氏距离为：

$$d_G^2 = \sum_{i=1}^{n} |\hat{C}^G(u_i,v_i) - \hat{C}_n(u_i,v_i)|^2 = 0.0787 \tag{4-68}$$

相关参数为5.1465的二元Clayton Copula与经验Copula函数的平方欧氏距离为：

$$d_C^2 = \sum_{i=1}^{n} |\hat{C}^C(u_i,v_i) - \hat{C}_n(u_i,v_i)|^2 = 1.3482 \tag{4-69}$$

相关参数为17.9813的二元Frank Copula与经验Copula函数的平方欧氏距离为：

$$d_F^2 = \sum_{i=1}^{n} |\hat{C}^F(u_i,v_i) - \hat{C}_n(u_i,v_i)|^2 = 0.2780 \tag{4-70}$$

因此，在平方欧氏距离标准下，可以认为二元t-Copula函数模型能更好地拟合两种收益率原始数据。

4.7 本章小结

在本章中，为了分析股指期货与现货收益率之间的相关性，开展了以下两方面的工作：首先，为了检验两种收益率之间的引导关系，构建了VAR模型，经过Granger检验，发现两种收益率间是一种互为引导的关系。通过进行两种收益率之间的脉冲响应试验以及预测误差方差分解试验，发现在这种互为引导的关系中，股指期货收益率在市场上比现货收益率反应更为灵敏，而且在收益率引导过程中，股指期货收益率担当着主导者的角色。接着，考虑到股指期货与现货收益率之间可能存在着非线性、非对称、尾部相关等特性，又构建了针对两种收益率的二元Copula模型，发现两种收益率之间确实存在着非线性、尾部相关等特征。也就是说，如果一种收益率中出现极值的情况，由于两种收益率之间存在着相关性，就会引起另一种收益率出现振荡。因此，正是因为两种收益率之间存在着较明显的相关性，才使得现货投资在期货市场上实施方向相反的套期保值操作成为可能。

5 股指期货套期保值比率算法模型选取及实证检验

从对股指期货与现货收益率的相关性实证分析中，我们可以发现两种收益率之间存在很强的相关性，这就使为了分散现货市场风险，而在期货市场上作方向相反的套期保值成为可能。在本章中，首先，构建多种计算股指期货套期保值比率的模型。其次，结合具体的样本数据类型，在股指期货与现货投资组合收益率方差最小化目标的前提下，运用构建的多种股指期货套期保值比率算法模型进行相应的套期保值比率的计算。最后，运用评价股指期货套期保值比率算法模型套期保值效果的两类指标对不同套期保值比率结果进行对比分析。

5.1 研究对象样本

继续使用沪深300股指期货日收盘价和沪深300股指现货日收盘价作为原始数据样本，提取2010年4月16日至2021年12月31日期间的股指期货和现货日收盘价，分别为2 849组日交易数据，计算股指期货和现货的日收益率。具体的日收益率计算公式在前面章节中已经给出，这里不再赘述。

5.2 股指期货套期保值比率算法模型的构建

为了实现套期保值比率的最优化，必须首先明确套期保值的目标，因为在不同的投资组合套期保值理论框架下，套期保值比率的计算方式也是不同的。随着投资组合套期保值理论的发展，总的来讲，可将套期保值的目标分为两种：一种是从投资组合收益率方差最小化的角度进行套期保值比率的计算；另一种是从效用最大化的角度进行套期保值比率的计算。效用最大化的角度虽然引入了风险和收益权衡的理念，但是由于计算十分复杂，很难构建合适的效用函数，所以本章从投资组合收益率方差最小化的角度来进行套期保值比率的算法研究，并据此计算出套期保值比率。在此，我们将套期保值比率定义为：通过使股指期货与现货投资组合收益率方差达到最小时，确定出的在期货市场与现货市场中交易的头寸之比。

为了便于推导在投资组合收益率方差最小化目标下的套期保值比率算法模型，假设套期保值者在现货市场中持有一个单位现货多头头寸，该现货头寸在t时期的收益率用$r_{x,t}$来表示，然后假设该套期保值者在期货市场上持有hr个单位的期货空头头寸，以此来对现货头寸进行套期保值。设持有的期货在t时期的收益率为$r_{q,t}$，则在t时期由期货与现货构成的投资组合的收益率r_t可以表示为：

$$r_t = r_{x,t} - hr \cdot r_{q,t} \tag{5-1}$$

式中，$r_{i,t} = \ln p_{i,t} - \ln p_{i,t-1}$，$i = x$，$q$；$p_{i,t}$表示期货或现货在$t$时期的价格，在本书中指的是日收盘价。

因此，该投资组合的收益率方差可以表示为：

$$Var(r_t) = Var(r_{x,t} - hr \cdot r_{q,t}) = Var(r_{x,t}) + hr^2 \cdot Var(r_{q,t}) - 2hr \cdot Cov(r_{x,t}, r_{q,t}) \tag{5-2}$$

那么，套期保值的目标就是求出在$Var(r_t)$值最小化情况下的hr值，即套期保值比率。因此，我们通过将式（5-2）对hr求导，并令求导式等于0，得：

$$hr = \frac{Cov(r_x, r_q)}{Var(r_q)} \tag{5-3}$$

由于

$$Cov(r_x, r_q) = \rho \cdot \sqrt{Var(r_x)} \cdot \sqrt{Var(r_q)} \tag{5-4}$$

将式（5-4）代入式（5-2），求关于hr的二阶导数，得到：

$$\frac{\partial^2 Var(r_t)}{\partial hr^2} = 2Var(r_q) > 0 \tag{5-5}$$

因此，可以证明式（5-3）中的hr值就是所求的投资组合收益率方差最小化目标下的套期保值比率。当然，为了便于推导套期保值比率公式，这里假定股指期货与现货收益率的联合分布在每个时期都是不变的，即求出的套期保值比率是固定套期保值比率。如果随着每个时期中新干扰项的出现，股指期货与现货收益率的联合分布在每个时期会出现变动，那么固定套期保值比率公式就不适用了，需要用到时变套期保值比率公式：

$$hr = \frac{Cov(r_{x,t}, r_{q,t} | \varphi_{t-1})}{Var(r_{q,t} | \varphi_{t-1})} \tag{5-6}$$

时变套期保值比率公式推导过程与固定套期保值比率公式推导过程相同，区别之处在于时变套期保值比率公式假定股指期货与现货收益率的联合分布在样本数据区间出现变动。式（5-6）中，t表示时间，φ_{t-1}表示t-1时期出现的新干扰项。

在确定了股指期货套期保值的目标之后，就可以根据具体的样本数据构建股指期货套期保值比率算法模型，并据此推导出相应的套期保值比率计算公式。下面构建的股指期货套期保值比率算法模型，就是从投资组合收益率方差最小化的角度进行构建的。

5.2.1 OLS股指期货套期保值比率模型

用普通最小二乘法OLS线性回归模型作为股指期货套期保值比率算法模型，其计算出来的套期保值比率，要么直接进行应用，要么与用其他套期保值比率算法模型计算出来的套期保值比率作比较。用$r_{x,t}$表示现货收益率，$r_{q,t}$表示期货收益率，然后将两个时间序列构成OLS模型，得：

$$r_{x,t} = \alpha + \beta r_{q,t} + \varepsilon_t \tag{5-7}$$

对式（5-7）求关于β的一阶导数，得到$\beta = \dfrac{Cov(r_x,\ r_q)}{Var(r_q)}$，因此期货收益率的系数就是所求的套期保值比率：

$$hr = \beta = \frac{Cov(r_x, r_q)}{Var(r_q)} \tag{5-8}$$

式中，α为截距项，ε_t为随机干扰项。普通最小二乘法回归模型可以说是在股指期货套期保值比率计算中比较简单易用的模型，在市场行情波动幅度不剧烈时，也很有效。但是，应用OLS模型的前提条件为：随机干扰项无自相关性。严格的假设，使得普通最小二乘法回归模型在进行股指期货套期保值操作时，受到很大的限制。

5.2.2 VAR股指期货套期保值比率模型

虽然OLS模型在计算股指期货套期保值比率时简单快捷，但是由于OLS残差项可能存在自相关，可能导致用OLS模型计算出来的股指期货套期保值比率存在偏差。为了克服OLS模型的这个缺点，可以引进Sims提出的向量自回归模型来解决这个问题。BI-VAR指的是由两个变量及它们的P阶滞后值组成的二元方程系统，每个变量的当前值都取决于两个变量的P阶滞后值。因此，可以将股指期货与现货收益率的关系表达成如下形式：

$$\begin{cases} r_{x,t} = \theta_1 + \sum_{i=1}^{p} \gamma_i r_{q,t-i} + \sum_{j=1}^{p} \lambda_j r_{x,t-j} + \varepsilon_{x,t} \\ r_{q,t} = \theta_2 + \sum_{i=1}^{p} \alpha_i r_{q,t-i} + \sum_{j=1}^{p} \beta_j r_{x,t-j} + \varepsilon_{q,t} \end{cases} \tag{5-9}$$

式中，$r_{q,t}$和$r_{x,t}$分别表示股指期货收益率和现货收益率，$r_{q,t-i}$和$r_{x,t-j}$分别表示期货收益率与现货收益率的p阶滞后项，$\varepsilon_{q,t}$和$\varepsilon_{x,t}$分别为两个方程的残差项，θ_1，θ_2，α_i，β_j，γ_i，λ_j为待估计参数，为保证残差项不存在自相关性，需要确定滞后阶数p，为此可以使用信息准则等方法。令$Var(\varepsilon_{x,t}) = \sigma_x^2$，$Cov(\varepsilon_{x,t},\ \varepsilon_{q,t}) = \sigma_{xq}$，$Var(\varepsilon_{q,t}) = \sigma_q^2$，则投资组合收益率最小方差的套期保值比率可以由以下公式给出：

$$hr = \frac{Cov(\varepsilon_{x,t},\varepsilon_{q,t})}{Var(\varepsilon_{q,t})} = \frac{\sigma_{xq}}{\sigma_q^2} \tag{5-10}$$

为了便于研究问题，以上两种股指期货套期保值比率算法模型都假定随机干扰项服从同方差，因此计算出来的套期保值比率是一个常数，上面两种套期保值比率算法模型可称为固定套期保值比率算法模型。但是现实情况是，大多数的金融时间序列数据存在着波动性集聚现象，也就是说存在着扎堆现象，这种现象可以抽象地叙述为：当某变量的本期或过去若干期波动较大时，未来几期的波动也可能很大；反之，亦然。也就是说，如果对变量进行自回归，扰动项可能存在异方差现象，那么在这种情况下，固定套期保值比率算法模型就不太适用了。当期货与现货收益率面临的干扰因素随时间而变时，需要考虑干扰项的异方差现象对套期保值比率的影响，由此，时变套期保值比率算法模型便应运而生。考虑到时间序列数据扰动项存在异方差现象，Engle提出了自回归条件异方差（ARCH）模型，成为时变套期保值比率算法模型的基础。在ARCH（p）模型中，如果滞后阶数p过大，则要估计很多参数，这样会损失样本容量，因此，Bollerslev在ARCH（p）模型的基础上提出了GARCH模型，使得待估计参数大为减少，从而对未来条件方差的预测更加准确。此后，该领域的研究成果也陆续出现，比如ARCH-M、TARCH、EGARCH、带ARMA的GARCH以及在条件方差方程中引入解释变量的GARCH等。但是，由于单变量GARCH模型不能对两个及以上变量之间的协方差进行刻画，因此，也就无法推导出股指期货套期保值比率：$hr = \frac{Cov(r_{x,t},\ r_{q,t}|\varphi_{t-1})}{Var(r_{q,t}|\varphi_{t-1})}$。所以，根据本书具体采用的样本数据情况，在本章中构建的ARCH族套期保值比率算法模型均为双变量模型。

5.2.3 DVECH-GARCH股指期货套期保值比率模型

单变量的GARCH模型不难扩展为双变量GARCH模型，即让当期扰动项ε_t的条件协方差矩阵H_t依赖于上一期扰动项的“平方项”$\varepsilon_{t-1}\varepsilon'_{t-1}$与上一期的条件协方差矩阵$H_{t-1}$。考虑最简单的由股指期货收益率与现货收益率组成的双变量模型：

$$r_t=\begin{pmatrix}r_{xt}\\r_{qt}\end{pmatrix}=\begin{pmatrix}c_{11}&c_{12}&c_{13}\\c_{21}&c_{22}&c_{23}\end{pmatrix}\begin{pmatrix}x_{1t}\\x_{2t}\\x_{3t}\end{pmatrix}+\begin{pmatrix}\varepsilon_{xt}\\\varepsilon_{qt}\end{pmatrix}=Cx_t+\varepsilon_t \tag{5-11}$$

式中，r_{xt}表示现货收益率，r_{qt}表示期货收益率，$\varepsilon_t=\begin{pmatrix}\varepsilon_{xt}\\\varepsilon_{qt}\end{pmatrix}$为扰动项矩阵，$C=\begin{pmatrix}c_{11}&c_{12}&c_{13}\\c_{21}&c_{22}&c_{23}\end{pmatrix}$为待估系数矩阵，$x_t=(x_{1t}\quad x_{2t}\quad x_{3t})'$为解释变量。记扰动项$\varepsilon_t$的条件协方差矩阵为$H_t$：

$$H_t=Var\begin{pmatrix}\varepsilon_{xt}\\\varepsilon_{qt}\end{pmatrix}=\begin{pmatrix}\sigma^2_{x,t}&\sigma_{xq,t}\\\sigma_{qx,t}&\sigma^2_{q,t}\end{pmatrix} \tag{5-12}$$

由于H_t为对称矩阵，故所有信息均包含于主对角线及以上的元素中。为此，将此对称矩阵的上三角部分取出，按照顺序叠放成列向量：

$$vech\begin{pmatrix}\sigma^2_{x,t}&\sigma_{xq,t}\\\sigma_{qx,t}&\sigma^2_{q,t}\end{pmatrix}=\begin{pmatrix}\sigma^2_{x,t}\\\sigma_{xq,t}\\\sigma^2_{q,t}\end{pmatrix} \tag{5-13}$$

式中的$vech$称为“半向量化算子”（half vectorization）。类似地，可将“平方项”矩阵$\varepsilon_{t-1}\varepsilon'_{t-1}$半向量化：

$$\begin{aligned}&vech(\varepsilon_{t-1}\varepsilon'_{t-1})\\&=vech\left[\begin{pmatrix}\varepsilon_{x,t-1}\\\varepsilon_{q,t-1}\end{pmatrix}(\varepsilon_{x,t-1}\quad\varepsilon_{q,t-1})\right]\\&=vech\begin{pmatrix}\varepsilon^2_{x,t-1}&\varepsilon_{x,t-1}\varepsilon_{q,t-1}\\\varepsilon_{x,t-1}\varepsilon_{q,t-1}&\varepsilon^2_{q,t-1}\end{pmatrix}=\begin{pmatrix}\varepsilon^2_{x,t-1}\\\varepsilon_{x,t-1}\varepsilon_{q,t-1}\\\varepsilon^2_{q,t-1}\end{pmatrix}\end{aligned} \tag{5-14}$$

记$vech(H_t)=h_t$，借助$vech$算子，Bollerslev、Engle和Wooldridge提出以下一般性的多变量GARCH（p，q）模型，简记MGARCH（p，q）：

$$h_t=\gamma+\sum\nolimits_{i=1}^{p}A_i vech(\varepsilon_{t-1}\varepsilon'_{t-1})+\sum\nolimits_{j=1}^{q}B_j h_{t-j} \tag{5-15}$$

式中，γ为待估常数向量，A_i和B_j分别为待估系数矩阵。方程（5-15）也称为“General Vech GARCH”模型。回到双变量GARCH模型，并令p=1，q=1，则方程（5-14）可以写为：

$$\begin{pmatrix}\sigma^2_{x,t}\\\sigma_{xq,t}\\\sigma^2_{q,t}\end{pmatrix}=\begin{pmatrix}\gamma_1\\\gamma_2\\\gamma_3\end{pmatrix}+\begin{pmatrix}a_{11}&a_{12}&a_{13}\\a_{21}&a_{22}&a_{23}\\a_{31}&a_{32}&a_{33}\end{pmatrix}\begin{pmatrix}\varepsilon^2_{x,t-1}\\\varepsilon_{x,t-1}\varepsilon_{q,t-1}\\\varepsilon^2_{q,t-1}\end{pmatrix}+\begin{pmatrix}b_{11}&b_{12}&b_{13}\\b_{21}&b_{22}&b_{23}\\b_{31}&b_{32}&b_{33}\end{pmatrix}\begin{pmatrix}\sigma^2_{x,t-1}\\\sigma_{xq,t-1}\\\sigma^2_{q,t-1}\end{pmatrix} \tag{5-16}$$

根据方程（5-16）可知：

$$\sigma_{x,t}^2 = \gamma_1 + a_{11}\varepsilon_{x,t-1}^2 + a_{12}\varepsilon_{x,t-1}\varepsilon_{q,t-1} + a_{13}\varepsilon_{q,t-1}^2 + b_{11}\sigma_{x,t-1}^2 + b_{12}\sigma_{xq,t-1} + b_{13}\sigma_{q,t-1}^2 \tag{5-17}$$

$$\sigma_{xq,t} = \gamma_2 + a_{21}\varepsilon_{x,t-1}^2 + a_{22}\varepsilon_{x,t-1}\varepsilon_{q,t-1} + a_{23}\varepsilon_{q,t-1}^2 + b_{21}\sigma_{x,t-1}^2 + b_{22}\sigma_{xq,t-1} + b_{23}\sigma_{q,t-1}^2 \tag{5-18}$$

$$\sigma_{q,t}^2 = \gamma_3 + a_{31}\varepsilon_{x,t-1}^2 + a_{32}\varepsilon_{x,t-1}\varepsilon_{q,t-1} + a_{33}\varepsilon_{q,t-1}^2 + b_{31}\sigma_{x,t-1}^2 + b_{32}\sigma_{xq,t-1} + b_{33}\sigma_{q,t-1}^2 \tag{5-19}$$

显然，即使最简单的双变量MGARCH（1，1）模型（5-16），也有很多待估参数。因此，MGARCH（p，q）模型可能过于灵活，不便拟合数据。为此，Bollerslev、Engle和Wooldridge提出将所有A_i与B_j矩阵限制为对角矩阵，称为“对角半向量化GARCH”模型（Diagonal Vech GARCH，DVECH）。此时，方程（5-16）可简化为：

$$\begin{pmatrix}\sigma_{x,t}^2\\ \sigma_{xq,t}\\ \sigma_{q,t}^2\end{pmatrix} = \begin{pmatrix}\gamma_1\\ \gamma_2\\ \gamma_3\end{pmatrix} + \begin{pmatrix}a_{11} & 0 & 0\\ 0 & a_{22} & 0\\ 0 & 0 & a_{33}\end{pmatrix}\begin{pmatrix}\varepsilon_{x,t-1}^2\\ \varepsilon_{x,t-1}\varepsilon_{q,t-1}\\ \varepsilon_{q,t-1}^2\end{pmatrix} + \begin{pmatrix}b_{11} & 0 & 0\\ 0 & b_{22} & 0\\ 0 & 0 & b_{33}\end{pmatrix}\begin{pmatrix}\sigma_{x,t-1}^2\\ \sigma_{xq,t-1}\\ \sigma_{q,t-1}^2\end{pmatrix} \tag{5-20}$$

式（5-17）、式（5-18）、式（5-19）也相应地简化为：

$$\sigma_{x,t}^2 = \gamma_1 + a_{11}\varepsilon_{x,t-1}^2 + b_{11}\sigma_{x,t-1}^2 \tag{5-21}$$

$$\sigma_{xq,t} = \gamma_2 + a_{22}\varepsilon_{x,t-1}\varepsilon_{q,t-1} + b_{22}\sigma_{xq,t-1} \tag{5-22}$$

$$\sigma_{q,t}^2 = \gamma_3 + a_{33}\varepsilon_{q,t-1}^2 + b_{33}\sigma_{q,t-1}^2 \tag{5-23}$$

因此，根据双变量对角半向量化GARCH模型（Bivariate Diagonal Vech GARCH，BI-DVECH-GARCH）计算出的股指期货套期保值比率为：

$$hr = \frac{h_{xq,t}}{h_{q,t}} = \frac{\sigma_{xq,t}}{\sigma_{q,t}^2} \tag{5-24}$$

5.2.4 CCC-GARCH股指期货套期保值比率模型

估计DVECH模型的困难之处在于，在任何时期（t），都需要保证条件协方差矩阵H_t为正定矩阵，且待估参数依然较多。为克服DVECH模型的上述缺点，下面引入双变量常条件相关GARCH模型（Bivariate Constant Conditional Correlation GARCH，BI-CCC-GARCH）。假定式（5-12）中H_t的（x，q）元素，即现货收益率与期货收益率在时期t的条件协方差$\sigma_{xq,t}$可写为：

$$\sigma_{xq,t} = \rho_{xq}\sigma_{x,t}\sigma_{q,t} \tag{5-25}$$

式中，ρ_{xq}为现货收益率与期货收益率在时期t的条件相关系数，在CCC-GARCH模型中为常数，$\sigma_{x,t}$，$\sigma_{q,t}$分别为现货收益率与期货收益率在时期t的条件方差，条件相关模型让$\sigma_{i,t}$（$i=x$，q）服从一维的GARCH过程。为了方便与DVECH-GARCH股指期货套期保值比率模型进行对比，在构建CCC-GARCH套期保值比率模型的过程中，股指期货收益率与现货收益率之间的关系还是采用式（5-11），重写如下：

$$r_t = \begin{pmatrix} r_{xt} \\ r_{qt} \end{pmatrix} = \begin{pmatrix} c_{11} & c_{12} & c_{13} \\ c_{21} & c_{22} & c_{23} \end{pmatrix}\begin{pmatrix} x_{1t} \\ x_{2t} \\ x_{3t} \end{pmatrix} + \begin{pmatrix} \varepsilon_{xt} \\ \varepsilon_{qt} \end{pmatrix} = Cx_t + \varepsilon_t \tag{5-11}$$

首先，把扰动项ε_t的条件协方差矩阵$H_t = Var\begin{pmatrix} \varepsilon_{xt} \\ \varepsilon_{qt} \end{pmatrix} = \begin{pmatrix} \sigma^2_{x,t} & \sigma_{xq,t} \\ \sigma_{qx,t} & \sigma^2_{q,t} \end{pmatrix}$中的条件协方差$\sigma_{xq,t}$、$\sigma_{qx,t}$换成式（5-25）的形式，并将其代入$H_t = Var\begin{pmatrix} \varepsilon_{xt} \\ \varepsilon_{qt} \end{pmatrix} = \begin{pmatrix} \sigma^2_{x,t} & \sigma_{xq,t} \\ \sigma_{qx,t} & \sigma^2_{q,t} \end{pmatrix}$中，得到：

$$H_t = Var\begin{pmatrix} \varepsilon_{xt} \\ \varepsilon_{qt} \end{pmatrix} = \begin{pmatrix} \sigma^2_{x,t} & \sigma_{xq,t} \\ \sigma_{qx,t} & \sigma^2_{q,t} \end{pmatrix} = \begin{pmatrix} \sigma^2_{x,t} & \rho_{xq}\sigma_{x,t}\sigma_{q,t} \\ \rho_{qx}\sigma_{x,t}\sigma_{q,t} & \sigma^2_{q,t} \end{pmatrix} \tag{5-26}$$

式（5-13）

$$vech\begin{pmatrix} \sigma^2_{x,t} & \sigma_{xq,t} \\ \sigma_{qx,t} & \sigma^2_{q,t} \end{pmatrix} = \begin{pmatrix} \sigma^2_{x,t} \\ \sigma_{xq,t} \\ \sigma^2_{q,t} \end{pmatrix}$$

也相应变为：

$$vech\begin{pmatrix} \sigma^2_{x,t} & \sigma_{xq,t} \\ \sigma_{qx,t} & \sigma^2_{q,t} \end{pmatrix} = \begin{pmatrix} \sigma^2_{x,t} \\ \sigma_{xq,t} \\ \sigma^2_{q,t} \end{pmatrix} = \begin{pmatrix} \sigma^2_{x,t} \\ \rho_{xq}\sigma_{x,t}\sigma_{q,t} \\ \sigma^2_{q,t} \end{pmatrix} \tag{5-27}$$

因此，式（5-20）也相应变为：

$$\begin{pmatrix} \sigma^2_{x,t} \\ \sigma_{xq,t} \\ \sigma^2_{q,t} \end{pmatrix} = \begin{pmatrix} \sigma^2_{x,t} \\ \rho_{xq}\sigma_{x,t}\sigma_{q,t} \\ \sigma^2_{q,t} \end{pmatrix} = \begin{pmatrix} \gamma_1 \\ \gamma_2 \\ \gamma_3 \end{pmatrix} + \begin{pmatrix} a_{11} & 0 & 0 \\ 0 & a_{22} & 0 \\ 0 & 0 & a_{33} \end{pmatrix}\begin{pmatrix} \varepsilon^2_{x,t-1} \\ \varepsilon_{x,t-1}\varepsilon_{q,t-1} \\ \varepsilon^2_{q,t-1} \end{pmatrix} +$$
$$\begin{pmatrix} b_{11} & 0 & 0 \\ 0 & b_{22} & 0 \\ 0 & 0 & b_{33} \end{pmatrix}\begin{pmatrix} \sigma^2_{x,t-1} \\ \rho_{xq}\sigma_{x,t-1}\sigma_{q,t-1} \\ \sigma^2_{q,t-1} \end{pmatrix} \tag{5-28}$$

至此，根据式（5-28），可知：

$$\sigma^2_{x,t} = \gamma_1 + a_{11}\varepsilon^2_{x,t-1} + b_{11}\sigma^2_{x,t-1} \tag{5-29}$$

$$\sigma_{xq,t} = \rho_{xq}\sigma_{x,t}\sigma_{q,t} = \gamma_2 + a_{22}\varepsilon_{x,t-1}\varepsilon_{q,t-1} + b_{22}\rho_{xq}\sigma_{x,t-1}\sigma_{q,t-1} \tag{5-30}$$

$$\sigma_{q,t}^2 = \gamma_3 + a_{33}\varepsilon_{q,t-1}^2 + b_{33}\sigma_{q,t-1}^2 \tag{5-31}$$

因此，根据双变量常条件相关GARCH模型计算出的股指期货套期保值比率为：

$$hr = \frac{h_{xq,t}}{h_{q,t}} = \frac{\sigma_{xq,t}}{\sigma_{q,t}^2} = \frac{\rho_{xq}\sigma_{x,t}\sigma_{q,t}}{\sigma_{q,t}^2} = \rho_{xq}\frac{\sigma_{x,t}}{\sigma_{q,t}} \tag{5-32}$$

5.2.5 DCC-GARCH股指期货套期保值比率模型

虽然CCC-GARCH模型可以保证条件协方差矩阵H_t为正定矩阵，而且可以减少待估参数，但假定股指期货与现货收益率在时期t的条件相关系数为常数（即$\rho_{xq,\ t} = \rho_{xq}$，不随时间而变），这个条件较为苛刻，在具体实践中不一定得到满足。因此，引入动态条件相关模型（Dynamic Conditional Correlation，DCC）。DCC-GARCH模型的架构与CCC-GARCH模型在形式上是相同的，两种模型的区别主要体现在：CCC-GARCH模型假定股指期货收益率与现货收益率在时期t的条件相关系数为常数，即$\rho_{xq,\ t} = \rho_{xq}$，不随时间而变；DCC-GARCH假定股指期货与现货收益率在时期t的条件相关系数$\rho_{xq,\ t}$由标准化扰动项的几何加权平均（geometrically weighted average of standardized residuals）来决定。

$$\rho_{xq,t} = \frac{\sum_{l=1}^{t-1}\lambda^l\tilde{\varepsilon}_{x,t-l}\tilde{\varepsilon}_{q,t-l}}{\sqrt{\sum_{l=1}^{t-1}\lambda^l\tilde{\varepsilon}_{x,t-l}^2}\sqrt{\sum_{l=1}^{t-1}\lambda^l\tilde{\varepsilon}_{q,t-l}^2}} \tag{5-33}$$

式中，$\tilde{\varepsilon}$为标准化扰动项，即方差标准化为1，λ^l为几何权重，即离时期t越远，则权重依几何级数越小。

DCC-GARCH套期保值比率算法模型推导过程与CCC-GARCH套期保值比率算法模型推导过程相同，在此不再赘述，这里直接将CCC-GARCH套期保值比率模型推导出的套期保值比率公式中的ρ_{xq}换成$\rho_{xq,\ t}$，得到DCC-GARCH模型套期保值比率公式：

$$hr = \frac{h_{xq,t}}{h_{q,t}} = \frac{\sigma_{xq,t}}{\sigma_{q,t}^2} = \frac{\rho_{xq,t}\sigma_{x,t}\sigma_{q,t}}{\sigma_{q,t}^2} = \rho_{xq,t}\frac{\sigma_{x,t}}{\sigma_{q,t}} \tag{5-34}$$

在本节构建股指期货套期保值比率模型及在后面计算时变套期保值比率时都用到了ARCH族模型，但使用ARCH族模型来处理时间序列数据的前提条件是该时间序列数据的扰动项存在条件异方差，即扰动项条件方差存在波动丛聚性现象。如何判断扰动项是否存在异方差，最直观的方法就是画出该时间序列数据的走势图，观察是否存在波动丛聚性。当然，判断时间序列数据是否有ARCH效应的严格方法，就是进行统计性检验。一般来讲，进行ARCH效应检验的方法有如下两种：

一种方法是拉格朗日乘数检验（Lagrange Multiplier Test，LM）。首先，用OLS估计线性回归模型，比如“$y_t = x_t'\beta + \varepsilon_t$”，得到残差序列$\{e_t\}$。其次，用OLS估计辅助回归，$e_t^2 = \alpha_0 + \alpha_1 e_{t-1}^2 + \alpha_2 e_{t-2}^2 + \cdots + \alpha_p e_{t-p}^2 + \omega_t$。最后，检验原假设“$H_0$: $\alpha_1 = \alpha_2 = \cdots \alpha_p = 0$”。如果检验结果拒绝原假设$H_0$，就可以认为该时间序列存在ARCH效应。

另一种方法就是对残差平方序列$\{e_t^2\}$进行Q检验。如果$\{e_t^2\}$存在序列相关，则认为ε_t存在条件异方差，说明该时间序列存在ARCH效应，适合用ARCH族模型来适配。

当然，还有一种最为直接的方法，就是在估计ARCH族模型之后观察条件方差方程中的系数是否显著，如果条件方差方程中的系数显著，则认为使用ARCH族模型是一种正确的选择。

5.3 股指期货套期保值比率模型套保效果的评价准则

在构建了股指期货套期保值比率模型，并进行实证分析之后，还需要对各个模型的套期保值效果进行评价，以便进一步确定最优的股指期货套期保值比率算法模型。在对各个股指期货套期保值比率模型的套保效果评价中，本章采取两类指标，一类为股指期货套期保值后风险降低的程度（*hee*），另一类为股指期货套期保值前后预期收益率的变动程度（*her*），现将两类指标分别阐述如下：

1.股指期货套期保值后风险降低的程度（*hee*）

我们将股指期货套期保值后风险降低的程度界定为：相对于套期保值前，套期保值后收益率方差降低的程度。因为本章所构建的股指期货套期保值比率模型都是从投资组合收益率方差最小化的角度来进行的，所以股指期货套期保值后风险降低的程度衡量的是套期保值前的现货投资收益率的方差与套期保值后的投资组合收益率的方差之差占套期保值前的现货投资收益率的方差的比重，也可称为套期保值效率。套期保值效率指标表示的是有套期保值投资相对于未套期保值投资的风险降低的程度。

为了给出套期保值效率公式，首先将套期保值后现货与期货的投资组合收益率列出（以普通最小二乘法套期保值比率模型为例），如下式所示：

$$r_t = r_{x,t} - hr \cdot r_{q,t} \tag{5-35}$$

式中，$r_{x,t}$表示现货在t时期的收益率，$r_{q,t}$表示期货在t时期的收益率，hr表示套期保值比率，表示的是投资者在期货市场上持有hr个单位期货头寸与现货市场上一个单位现货头寸构成投资组合进行投资，r_t表示在t时期由现货和期货构成的投资组合的收益率。

接着，用套期保值前的现货投资收益率的方差与套期保值后的投资组合收益率的方差之差除以套期保值前的现货投资收益率的方差，得到股指期货套期保值后风险降低的程度（hee），其公式如下：

$$hee = \frac{\sigma^2_{no-heged} - \sigma^2_{heged}}{\sigma^2_{no-heged}} \tag{5-36}$$

式中，$\sigma^2_{no-heged}$表示套期保值前现货投资收益率的方差，σ^2_{heged}表示套期保值后投资组合收益率的方差。从式（5-36）可以看出，如果套期保值后的投资组合收益率方差越小，那么hee值越大，说明套期保值效果越好。

2.股指期货套期保值前后投资预期收益率的变动程度（her）

此指标以投资预期收益率的变动程度来衡量套期保值的效果，公式如下：

$$her = \frac{E(\mu)_{heged} - E(\mu)_{no-heged}}{E(\mu)_{no-heged}} \tag{5-37}$$

式中，$E(\mu)_{heged}$表示套期保值后投资组合的预期收益率均值，$E(\mu)_{no-heged}$表示套期保值前现货投资的预期收益率均值。从式（5-37）可以看出，如果套期保值后投资组合的预期收益率均值越大，那么her

值越大，说明套期保值效果越好。

5.4 样本数据的整理分析

继续使用沪深300股指期货和沪深300股指现货的收益率作为研究对象样本，提取2010年4月22日至2021年12月31日期间的股指期货和现货的收益率，分别为2 844组日交易数据。同样，在收益率的计算方面，本章首先将股指期货日收盘价和现货日收盘价分别取自然对数，再以自然对数差分形式表征收益率。具体的计算公式在前面章节已经给出，这里不再赘述。该时间段的股指期货与现货收益率走势情况和数据基本描述如图5-1和表5-1所示。

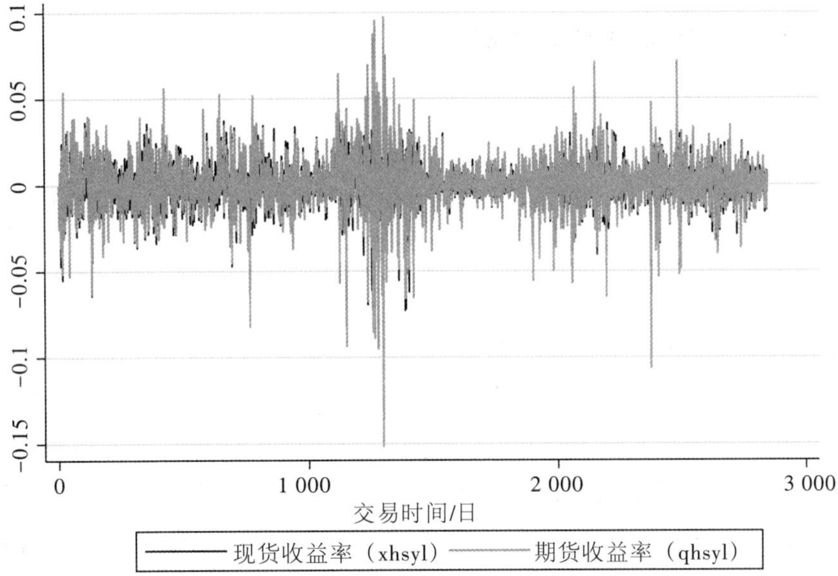

图5-1 沪深300股指期货与现货收益率走势图

表5-1 **沪深300股指期货与现货收益率序列的统计量描述**

	样本容量	样本均值	标准差	最小值	最大值
沪深300股指期货	2 844	0.000149	0.015897	-0.15173	0.097371
沪深300股指现货	2 844	0.000153	0.014403	-0.09154	0.064988

图5-1描绘了沪深300股指期货与现货收益率的走势情况，从图5-1中能够看到，股指期货与现货收益率两者之间的变动趋势基本一致。并且，在前面章节经过对股指期货与现货收益率的相关性实证分析，也已经证明两种收益率之间存在很强的相关性。因此以沪深300股指期货来对沪深300股指现货进行套期保值操作，能够降低现货的投资风险，这对股指期货市场和现货市场的稳健运行都具有很好的理论和现实意义。

表5-1为沪深300股指期货与现货收益率序列的简单统计性描述，从表5-1中也可以看到，股指期货与现货收益率在统计量方面差异较小，样本均值、最大值、最小值以及标准差之间均相差不大。但是，分别从股指期货与现货收益率的统计量数据来看，最大值与最小值的差值较大，表明数据波动幅度的标准差的值也较大。

5.4.1 样本数据的检验

在样本数据的检验流程上，我们首先对各样本数据进行简单统计性描述，初步判断数据序列的形态，然后针对数据序列的平稳性进行单位根检验，最后对数据序列进行ARCH效应检验，判断是否适合使用ARCH族模型进行适配。

1.简单统计性描述

为方便数据之间的对比分析，将股指期货与现货收益率序列数据分成单日、2日、3日、4日四种数据模式，每种数据模式的最后20组日交易数据为样本外数据，其余数据为样本内数据。由于股指期货对应的标的物为股指现货，因此两类数据基本统计量的数值应该比较接近。通过表5-2至表5-5也可以发现，股指期货与现货收益率在统计量方面差异较小，样本均值、最大值、最小值以及标准差之间均相差不大，前面章节的实证分析也已经证明两种收益率之间存在很强的相关性。一般来讲，股指期货与现货的相关性越高，表明期货对现货的套期保值效果越好。峰度值方面，两种收益率均为尖峰形态。雅克-贝拉（JB）正态检验是在扰动项为正态分布的原假设下，JB统计量渐进地服从自由度为2的卡方分布，如果在一项具体操作中计算出来的JB统计量的值充分大，就可以拒绝扰动项服从正态分布的原假设。从

JB正态检验结果来看，单日、2日、3日和4日收益率均显著性地拒绝服从正态分布的原假设。虽然收益率序列数据不服从正态分布，对所构建模型的系数估计影响不大，但是数据呈非正态分布表明模型可能偏离了真实的数据生成过程，导致用模型预测出的未来值的波动范围可能会出现偏差。

表5-2　　沪深300股指期货与现货单日收益率的基本统计量

	均值	标准差	最小值	最大值	偏度	峰度	JB统计量
股指期货	0.000149	0.015897	−0.15173	0.097371	−0.5882518 (0.000)	12.38564 (0.000)	10602.724 (0.000)
股指现货	0.000153	0.014403	−0.09154	0.064988	−0.6749302 (0.000)	7.897478 (0.000)	3058.1782 (0.000)

注：表中括号内表示p值。

表5-3　　沪深300股指期货与现货2日收益率的基本统计量

	均值	标准差	最小值	最大值	偏度	峰度	JB统计量
股指期货	0.000298	0.022748	−0.25616	0.18485	−0.9839774 (0.000)	20.95606 (0.000)	19332.858 (0.000)
股指现货	0.000305	0.020626	−0.1652	0.114292	−0.690018 (0.000)	8.944368 (0.000)	2206.4708 (0.000)

注：表中括号内表示p值。

表5-4　　沪深300股指期货与现货3日收益率的基本统计量

	均值	标准差	最小值	最大值	偏度	峰度	JB统计量
股指期货	0.000447	0.028277	−0.28201	0.119633	−1.45011 (0.000)	17.07169 (0.000)	8153.736 (0.000)
股指现货	0.000458	0.025647	−0.17088	0.106744	−0.6633439 (0.000)	7.542882 (0.000)	884.71622 (0.000)

注：表中括号内表示p值。

表5-5　　沪深300股指期货与现货4日收益率的基本统计量

	均值	标准差	最小值	最大值	偏度	峰度	JB统计量
股指期货	0.000596	0.031248	−0.18464	0.144444	−0.4822879 (0.000)	7.883327 (0.000)	734.02733 (0.000)
股指现货	0.00061	0.028946	−0.12755	0.115653	−0.3733068 (0.000)	5.360619 (0.000)	181.59982 (0.000)

注：表中括号内表示p值。

2.样本数据的平稳性检验

在对时间序列数据作回归和预测时，需要保证该时间序列数据为平稳时间序列数据，否则会导致参数估计结果和预测结果产生偏差。本章采用DF、ADF、PP单位根检验法对股指期货与现货收益率序列数据进行检验，若检验结果拒绝序列数据存在单位根的原假设，则认为该序列数据为平稳时间序列数据，无须进行差分处理；若无法拒绝存在单位根的原假设，则表示该时间序列数据为非平稳时间序列数据，需要进行差分处理。股指期货与现货收益率序列样本数据的平稳性检验结果见表5-6。

表5-6　　股指期货与现货收益率单位根检验表

		DF	ADF	PP	结论
单日	期货收益率	−53.005 (0.000)	−10.000 (0.000)	−53.009 (0.000)	平稳序列
	现货收益率	−51.952 (0.000)	−9.751 (0.000)	−51.943 (0.000)	
2日	期货收益率	−39.963 (0.000)	−7.604 (0.000)	−39.934 (0.000)	平稳序列
	现货收益率	−37.570 (0.000)	−7.600 (0.000)	−37.573 (0.000)	
3日	期货收益率	−33.576 (0.000)	−7.025 (0.000)	−33.505 (0.000)	平稳序列
	现货收益率	−31.746 (0.000)	−6.822 (0.000)	−31.731 (0.000)	
4日	期货收益率	−27.030 (0.000)	−6.001 (0.000)	−27.027 (0.000)	平稳序列
	现货收益率	−26.599 (0.000)	−5.809 (0.000)	−26.621 (0.000)	

注：表中括号内表示p值。

由表5-6可知，将股指期货与现货的原始日收盘价序列数据进行差分处理转换为收益率序列数据后，采用DF、ADF、PP单位根检验法对股指期货与现货收益率序列数据进行单位根检验，均可在1%的显著性水平下拒绝存在单位根的原假设。因此，股指期货与现货收益率序列数据均为平稳时间序列数据。

3.样本数据的ARCH效应检验

在使用套期保值比率算法模型计算时变套期保值比率时，需要用到ARCH族模型，但使用ARCH族模型来处理时间序列数据的前提条件是该时间序列数据的扰动项存在条件异方差，即扰动项条件方差存在波动从聚性现象。从统计性角度对股指期货与现货收益率序列数据进行ARCH效应检验，主要就是使用在前面阐述的拉格朗日乘数检验和Q自相关检验这两种检验方法。股指期货与现货收益率序列数据ARCH效应的检验结果见表5-7。

表5-7 **股指期货与现货收益率ARCH效应检验表**

		chi2（1） （prob>chi2）	Q（1） （prob>Q）
股指期货	单日收益率	258.074 （0.000）	258.41 （0.000）
	2日收益率	35.041 （0.000）	35.139 （0.000）
	3日收益率	8.630 （0.000）	8.6646 （0.000）
	4日收益率	29.525 （0.000）	29.686 （0.000）
股指现货	单日收益率	93.725 （0.000）	93.852 （0.000）
	2日收益率	77.328 （0.000）	77.539 （0.000）
	3日收益率	36.325 （0.000）	36.468 （0.000）
	4日收益率	37.502 （0.000）	37.195 （0.000）

注：表中括号内表示p值。

从表5-7可以看出，无论用拉格朗日乘数检验方法对股指期货与现货收益率序列数据进行ARCH效应检验，还是用Q自相关检验方法对股指期货与现货收益率序列数据进行ARCH效应检验，两类方法的检验结果都显著性地拒绝收益率序列数据扰动项不存在条件异方差的原假设。这表示股指期货与现货收益率序列数据均存在ARCH效应，可以运用前面构建的ARCH族套期保值比率算法模型计算股指期货时变套期保值比率。

5.4.2 各种模型的套期保值比率的计算与套保效果衡量

1.OLS模型套期保值比率的计算与套保效果衡量

运用OLS股指期货套期保值比率模型计算的套保比率值*hr*及两类套期保值效果评价指标值*hee*和*her*见表5-8。

表5-8 OLS股指期货套期保值比率模型计算的套保比率及套保效果衡量

	沪深300股指期货			
	单日	2日	3日	4日
hr	0.8401723	0.8524633	0.8696954	0.8845297
hee	0.9247191	0.95092593	0.96012658	0.96995516
her	0.4128124	0.2524895	0.8165486	1.024116

从表5-8可以看出，运用普通最小二乘法（OLS）套期保值模型计算的4日套期保值比率值大于单日、2日及3日的套期保值比率值。在股指期货套期保值效果衡量方面，从*hee*指标值来看，4日的套期保值效果优于单日、2日及3日的套期保值效果；从*her*指标值来看，4日的套期保值的效果优于单日、2日及3日的套期保值效果。

2.VAR模型套期保值比率的计算与套保效果衡量

运用VAR股指期货套期保值比率模型计算的套保比率值*hr*及两类套期保值效果评价指标值*hee*和*her*见表5-9。

从表5-9可以看出，运用VAR股指期货套期保值比率模型计算的4日套期保值比率值大于单日、2日及3日的套期保值比率值。在股指期货套期保值效果衡量方面，从*hee*指标值来看，4日的套期保值效果优于单日、2日及3日的套期保值效果；从*her*指标值来看，4日的套期保值的效果优于单日、2日及3日的套期保值效果。

表5-9　VAR股指期货套期保值比率模型计算的套保比率及套保效果衡量

	沪深300股指期货			
	单日	2日	3日	4日
hr	0.82329317	0.87145969	0.9	0.92833147
hee	0.91910112	0.95555556	0.96455696	0.97488789
her	0.404519	0.258116	0.8450013	1.07483

3.DVECH-GARCH模型套期保值比率的估算与套保效果衡量

运用DVECH-GARCH股指期货套期保值比率模型估算的套保比率值*hr*及两类套期保值效果评价指标值*hee*和*her*见表5-10。

表5-10　DVECH-GARCH模型估算的套期保值比率及套保效果衡量

	沪深300股指期货			
	单日	2日	3日	4日
hr	0.8955776	0.9339158	0.9278022	0.9409915
hee	0.94719101	0.96574074	0.96772152	0.97802691
her	0.4445048	0.2851113	0.877909	1.111579

注：由于每个时期的套期保值比率各不相同，因此取各时期套期保值比率的平均值作为套期保值比率值。

从表5-10可以看出，运用DVECH-GARCH模型估算的4日套期保值比率值大于单日、2日及3日的套期保值比率值。在股指期货套期保值效果衡量方面，从*hee*指标值来看，4日的套期保值效果优于单日、2日及3日的套期保值效果；从*her*指标值来看，4日的套期保值的效果优于单日、2日及3日的套期保值效果。

4.CCC-GARCH模型套期保值比率的估算与套保效果衡量

运用CCC-GARCH股指期货套期保值模型估算的套保比率值*hr*及两类套期保值效果评价指标值*hee*和*her*见表5-11。

从表5-11可以看出，运用CCC-GARCH模型估算的4日套期保值比率值大于单日、2日及3日的套期保值比率值。在股指期货套期保值效果衡量方面，从*hee*指标值来看，4日的套期保值效果优于单日、2日及3日的套期保值效果；从*her*指标值来看，4日的套期保值的效果优于单日、2日及3日的套期保值效果。

表5-11　CCC-GARCH模型估算的套期保值比率及套保效果衡量

	沪深300股指期货			
	单日	2日	3日	4日
hr	0.8749856	0.8946099	0.9037623	0.9183323
hee	0.94044944	0.96481481	0.96898734	0.97892377
her	0.4317242	0.282482	0.8690371	1.090548

注：由于每个时期的套期保值比率各不相同，因此取各时期套期保值比率的平均值作为套期保值比率值。

5.DCC-GARCH模型套期保值比率的估算与套保效果衡量

运用DCC-GARCH股指期货套期保值比率模型估算的套保比率值*hr*及两类套期保值效果评价指标值*hee*和*her*见表5-12。

表5-12　DCC-GARCH模型估算的套期保值比率及套保效果衡量

	沪深300股指期货			
	单日	2日	3日	4日
hr	0.8868716	0.9095183	0.9224031	0.918503
hee	0.94606742	0.96481481	0.96708861	0.97623318
her	0.4436122	0.2787215	0.87813	1.081716

注：由于每个时期的套期保值比率各不相同，因此取各时期套期保值比率的平均值作为套期保值比率值。

从表5-12可以看出，运用DCC-GARCH模型估算的3日套期保值比率值大于单日、2日及4日的套期保值比率值。在股指期货套期保值效果衡量方面，从*hee*指标值来看，4日的套期保值效果优于单日、2日及3日的套期保值效果；从*her*指标值来看，4日的套期保值的效果优于单日、2日及3日的套期保值效果。

5.5 各种模型的套期保值效果整体分析

5.5.1 单日套期保值效果整体分析

1.套期保值后风险降低的程度（*hee*）

运用*hee*指标对上述几种套期保值比率模型的单日套期保值效果进行比较，比较结果如图5-2所示。

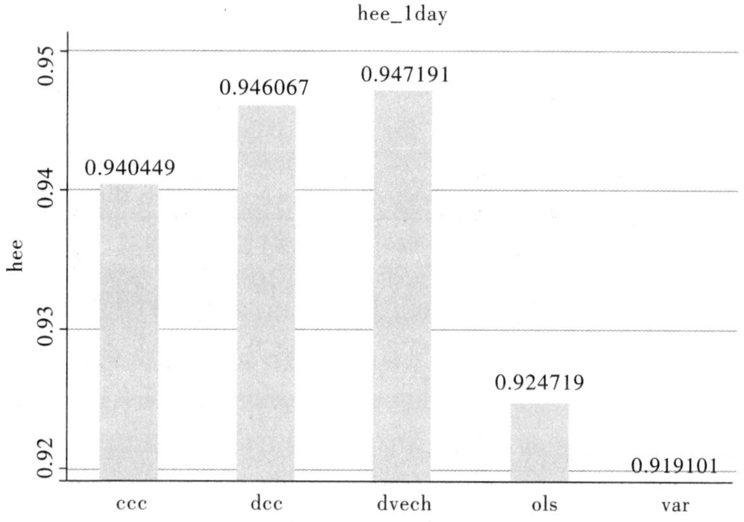

图5-2 套期保值比率模型的单日套期保值效果hee指标值比较

通过对几种股指期货套期保值比率模型的单日套期保值效果*hee*指标值进行比较，可以发现，DVECH-GARCH的套期保值效果最好，通过该种模型进行套期保值，风险降低的比例为94.7191%；相比之下，VAR模型的套期保值效果最差，通过该种模型进行套期保值，风险降低的比例为91.9101%。

2.套期保值前后预期收益率的变动程度（*her*）

运用*her*指标对上述几种套期保值比率模型的单日套期保值效果进行比较，比较结果如图5-3所示。

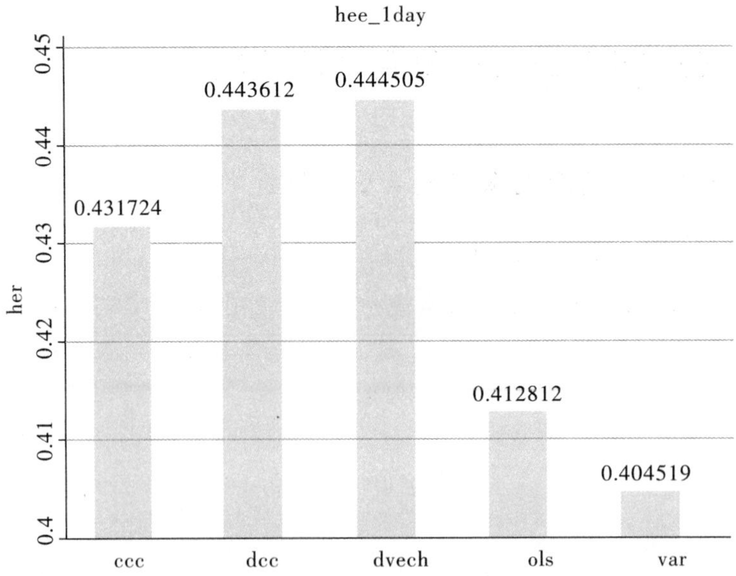

图5-3 套期保值比率模型的单日套期保值效果her指标值比较

通过对几种股指期货套期保值比率模型的单日套期保值效果*her*指标值进行比较，可以发现，DVECH-GARCH的套期保值效果最好，通过该种模型进行套期保值，对预期收益率增加的倍数为0.444505；相比之下，VAR模型的套期保值效果最差，通过该种模型进行套期保值，对预期收益率增加的倍数为0.404519。

5.5.2 2日套期保值效果整体分析

1.套期保值后风险降低的程度（*hee*）

运用*hee*指标对上述几种套期保值比率模型的2日套期保值效果进行比较，比较结果如图5-4所示。

通过对几种股指期货套期保值比率模型的2日套期保值效果*hee*指标值进行比较，可以发现，DVECH-GARCH模型的套期保值效果最好，通过该种模型进行套期保值，风险降低的比例为96.5741%；相比之下，OLS模型的套期保值效果最差，通过该种模型进行套期保值，风险降低的比例为95.0926%。

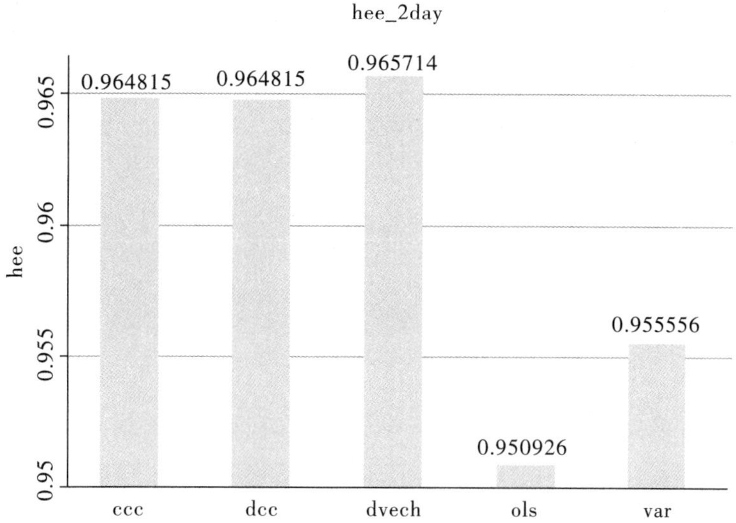

图 5-4　套期保值比率模型的2日套期保值效果hee指标值比较

2.套期保值前后预期收益率的变动程度（*her*）

运用*her*指标对上述几种套期保值比率模型的2日套期保值效果进行比较，比较结果如图5-5所示。

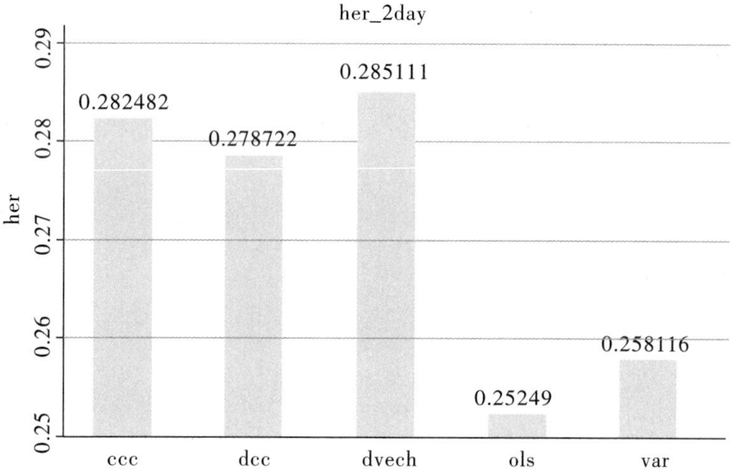

图 5-5　套期保值比率模型的2日套期保值效果her指标值比较

通过对几种股指期货套期保值比率模型的2日套期保值效果*her*指标值进行比较，可以发现，DVECH-GARCH模型的套期保值效果最好，通过该种模型进行套期保值，对预期收益率增加的倍数为0.285111；相比之下，OLS模型的套期保值效果最差，通过该种模型进行套期保值，对预期收益率增加的倍数为0.25249。

5.5.3　3日套期保值效果整体分析

1.套期保值后风险降低的程度（*hee*）

运用*hee*指标对上述几种套期保值比率模型的3日套期保值效果进行比较，比较结果如图5-6所示。

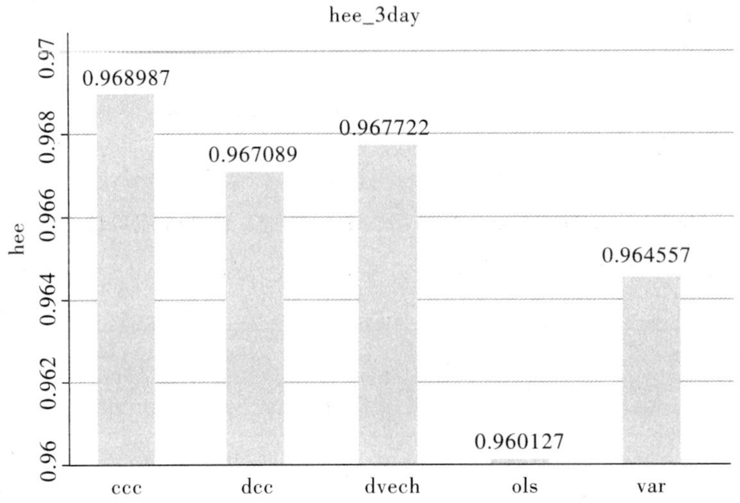

图5-6　套期保值比率模型的3日套期保值效果hee指标值比较

通过对几种股指期货套期保值比率模型的3日套期保值效果*hee*指标值进行比较，可以发现，CCC-GARCH模型的套期保值效果最好，通过该种模型进行套期保值，风险降低的比例为96.8987%；相比之下，OLS模型的套期保值效果最差，通过该种模型进行套期保值，风险降低的比例为96.0127%。

2.套期保值前后预期收益率的变动程度（*her*）

运用*her*指标对上述几种套期保值比率模型的3日套期保值效果进行比较，比较结果如图5-7所示。

通过对几种股指期货套期保值比率模型的3日套期保值效果*her*指标值进行比较，可以发现，DVECH-GARCH模型的套期保值效果最好，通过该种模型进行套期保值，对预期收益率增加的倍数为0.877909；相比之下，OLS模型的套期保值效果最差，通过该种模型进行套期保值，对预期收益率增加的倍数为0.816549。

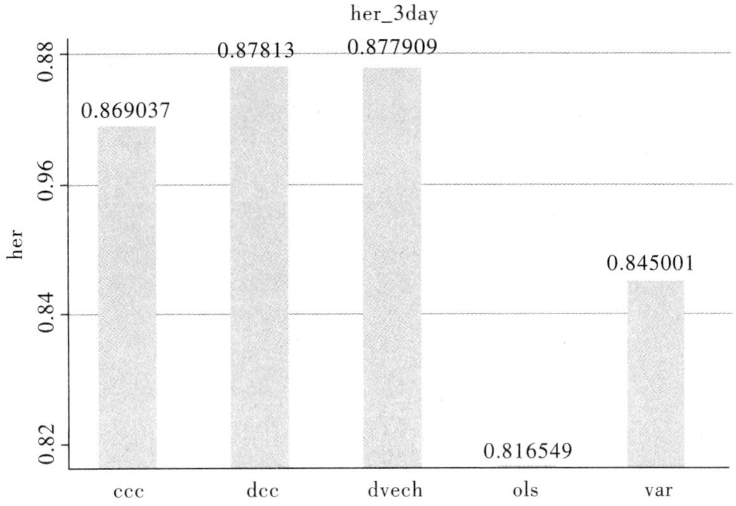

图5-7　套期保值比率模型的3日套期保值效果her指标值比较

5.5.4　4日套期保值效果整体分析

1.套期保值后风险降低的程度（*hee*）

运用*hee*指标对上述几种套期保值比率模型的4日套期保值效果进行比较，比较结果如图5-8所示。

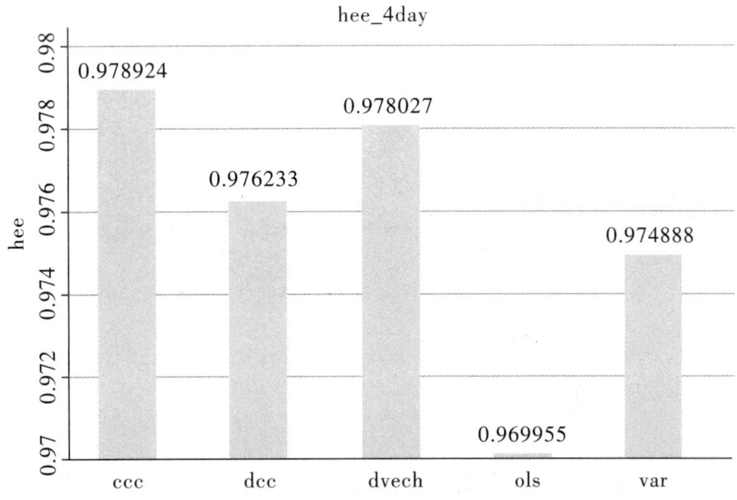

图5-8　套期保值比率模型的4日套期保值效果hee指标值比较

通过对几种股指期货套期保值比率模型的4日套期保值效果*hee*指标值进行比较，可以发现，CCC-GARCH模型的套期保值效果最好，通过该种模型进行套期保值，风险降低的比例为97.8924%；相比之下，OLS模型的套期保值效果最差，通过该种模型进行套期保值，风险降低的比例为96.9955%。

2.套期保值前后预期收益率的变动程度（*her*）

运用*her*指标对上述几种套期保值比率模型的4日套期保值效果进行比较，比较结果如图5-9所示。

通过对几种股指期货套期保值比率模型的4日套期保值效果*her*指标值进行比较，可以发现，DVECH-GARCH模型的套期保值效果最好，通过该种模型进行套期保值，对预期收益率增加的倍数为1.11158；相比之下，OLS模型的套期保值效果最差，通过该种模型进行套期保值，对预期收益率增加的倍数为1.02412。

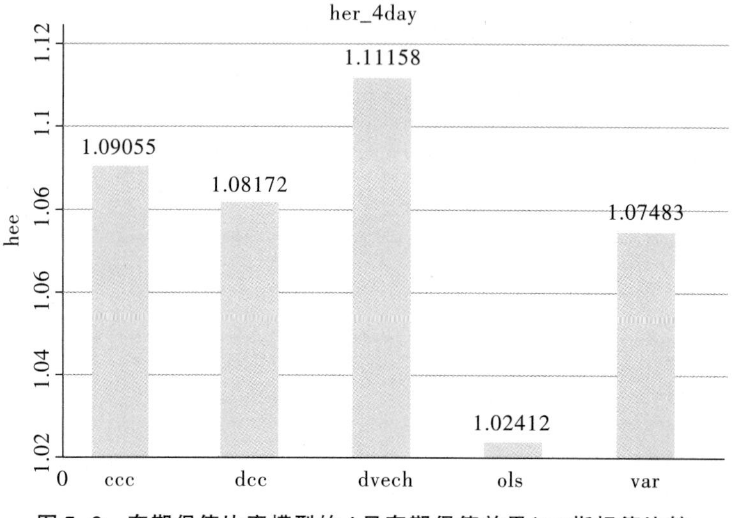

图5-9 套期保值比率模型的4日套期保值效果her指标值比较

5.6 本章小结

本章运用构建的多种股指期货套期保值比率算法模型计算了在股指期货与现货投资组合收益率方差最小化目标下的套期保值比率。首先，根据对样本数据的单位根和ARCH效应的检验结果，得出了样本数据具备利用构建的多种股指期货套期保值比率算法模型在投资组合收益率方差最小化目标下计算套期保值比率的结论。其次，结合具体的样本数据类型，在投资组合收益率方差最小化目标的前提下，运用构建的多种股指期货套期保值比率算法模型计算出了相应的套期保值比率。最后，运用评价股指期货套期保值比率算法模型套保效果的两类指标对不同套期保值比率结果进行对比分析，并得出了以下结论：无论从风险最低的角度来看，还是从预期收益率最大的角度来看，DVECH-GARCH模型的整体套期保值效果最好；相比之下，OLS模型的整体套期保值效果最差。通过对多种股指期货套期保值比率算法模型套保效果的对比分析，可以发现，期货合约是一个很好的分散风险的套期保值工具，投资者若能按照一定的套期保值比率将现货头寸与期货头寸进行组合投资，不但能使投资者承担的风险大幅降低，投资收益率也能得到显著提高。

6　影响股指期货套期保值效果的风险因素分析

通过前面章节股指期货与现货投资组合套期保值模型的推导，可知，套期保值比率与股指期货与现货收益率的协方差成正比，与期货收益率的方差成反比。因此，只要是影响股指期货收益率方差变动的风险因素，就会影响到套期保值比率，进而影响到股指期货与现货投资组合套期保值效果。在本章中，首先依据ARCH、GARCH、TARCH和EGARCH这四种模型的条件方差方程提出影响股指期货与现货投资组合套期保值效果的几种风险因素，其次运用具体的样本数据通过建立的ARCH族模型对风险因素进行验证，最后对提出的风险因素作出进一步的稳健性检验。

6.1　研究的样本数据

继续使用沪深300股指期货和现货日收盘价作为原始样本数据，提取2010年4月16日至2021年12月31日股指期货和现货的日收盘价，分别为2 849组日交易数据，并分别计算股指期货及现货收益率。在收益率的计算方面，本章将股指期货日收盘价和现货日收盘价分别以自然对数差分形式表征收益率。具体的计算公式在前面章节已经给出，这里不再介绍。样本数据的单位根检验和ARCH效应检验操作及检验结果在前面章节也已经给出，同样不再赘述。

6.2 风险因素评估模型

本节使用ARCH模型、GARCH模型、TARCH模型和EGARCH模型这四种模型的条件方差方程提炼出影响股指期货套期保值效果的几种风险因素。

1.ARCH模型

首先，考虑股指期货收益率的自回归模型：

$$r_{qt} = x_t'\omega + \varepsilon_t \tag{6-1}$$

记扰动项ε_t的条件方差为$\sigma_t^2 = Var(\varepsilon_t|\varepsilon_{t-1}, \varepsilon_{t-2}, \cdots)$，式中的$t$表示条件方差可以随时间而变。由于股指期货收益率存在波动性集聚现象，Engle据此提出ARCH模型，其条件方差方程可以表示为：

$$\sigma_t^2 = \alpha + \beta\varepsilon_{t-1}^2 + \beta_2\varepsilon_{t-2}^2 + \cdots + \beta_p\varepsilon_{t-p}^2 \tag{6-2}$$

式中，p为ε_t^2的滞后阶数。假设σ_t^2取决于上一期扰动项的平方：

$$\sigma_t^2 = \alpha + \beta\varepsilon_{t-1}^2 \tag{6-3}$$

式中，σ_t^2表征本期风险的大小，α为截距项，ε_{t-1}^2为前期误差平方项。

从条件方差方程式中可以看到，上一期的误差平方ε_{t-1}^2对当期的条件方差σ_t^2有直接的影响。据此提出风险因素1：股指期货收益率的前期误差会影响当期的股指期货套期保值效果。

2.GARCH模型

在ARCH模型中，如果条件方差方程滞后阶数p很大，就存在很多待估参数，这样就会损失样本容量。因此，Bollerslev在ARCH模型的基础上提出GARCH模型，使得待估计参数减少很多，这使得对条件方差方程中各参数的估计反而会更加准确。GARCH模型的条件方差方程为：

$$\sigma_t^2 = \alpha + \delta\sigma_{t-1}^2 + \delta_2\sigma_{t-2}^2 + \cdots + \delta_q\sigma_{t-q}^2 + \zeta\varepsilon_{t-1}^2 + \zeta_2\varepsilon_{t-2}^2 + \cdots + \zeta_p\varepsilon_{t-p}^2 \tag{6-4}$$

式中，q 为 σ_t^2 的自回归滞后阶数，p 为 ε_t^2 的滞后阶数。最常用的GARCH模型为GARCH（1，1）：

$$\sigma_t^2 = \gamma + \zeta\varepsilon_{t-1}^2 + \delta\sigma_{t-1}^2 \tag{6-5}$$

式中，σ_t^2 表征本期风险的高低，γ 为常数项，ε_{t-1}^2 为前期误差项的平方，σ_{t-1}^2 表征前期风险的高低。

从条件方差方程式中可以看到，上一期的条件方差 σ_{t-1}^2 的高低对当期的条件方差 σ_t^2 有直接的影响。据此提出风险因素2：股指期货收益率的前期风险会影响当期的股指期货套期保值效果。

3.TARCH模型

市场上的坏消息对股指期货收益率波动性的影响可能大于好消息对其的影响。Glosten、Jagannathan 和 Runkle 据此提出了非对称（asymmetric）的“门限GARCH”模型（Threshold GARCH，TARCH）。假设条件方差方程为：

$$\sigma_t^2 = \eta + \kappa\varepsilon_{t-1}^2 + \theta\sigma_{t-1}^2 + [\lambda\varepsilon_{t-1}^2 \cdot 1(\varepsilon_{t-1} > 0)] \tag{6-6}$$

式中，σ_t^2 表征本期风险的高低，η 为常数项，$\varepsilon_{t-1}^2 \cdot 1(\varepsilon_{t-1} > 0)$ 即“TARCH”项，表征上一期好、坏消息对当期条件方差的影响，σ_{t-1}^2 表征前期风险的高低。

从条件方差方程式中可以看到，“TARCH”项对当期的条件方差 σ_t^2 有直接的影响。据此提出风险因素3：股指期货收益率的前期好、坏消息会影响当期的股指期货套期保值效果。

4.EGARCH模型

在标准的GARCH模型中，为保证条件方差值非负，对待估参数的取值有所限制，这样就给条件方差方程中的参数的估计带来不便。为此，可以考虑对数形式的条件方差方程：

$$\ln\sigma_t^2 = \nu + \varphi(\varepsilon_{t-1}/\sigma_{t-1}) + \upsilon|\varepsilon_{t-1}/\sigma_{t-1}| + \pi\ln\sigma_{t-1}^2 \tag{6-7}$$

式中，σ_t^2 表征本期风险的高低，ν 为常数项，$(\varepsilon_{t-1}/\sigma_{t-1})$ 为 ε_{t-1} 的标准化，通常称为“EARCH”项，在条件方差方程中的作用类似于TARCH模型条件方差方程中的“TARCH”项，$|\varepsilon_{t-1}/\sigma_{t-1}|$ 表征前期误差的强度，σ_{t-1}^2 表征前期风险。

从条件方差方程式中可以看到，$|\varepsilon_{t-1}/\sigma_{t-1}|$项对当期的条件方差$\sigma_t^2$有直接的影响。据此提出风险因素4：股指期货收益率的前期误差强度会影响当期的股指期货套期保值效果。

6.3 风险因素的实证检验

我们运用具体的股指期货收益率样本数据，针对上述四种模型对提出的影响股指期货套期保值效果的几种风险因素进行检验，检验结果见表6-1至6-4。

表6-1 影响单日套期保值效果的风险因素检验结果（一）

	ARCH	GARCH	TARCH	EGARCH
β	0.310*** (0.000)			
α	0.000177*** (0.000)			
ζ		0.0775*** (0.000)		
δ		0.916*** (0.000)		
γ		0.00000238*** (0.000)		
κ			0.0854*** (0.000)	
θ			0.914*** (0.000)	
λ			-0.0130* (0.051)	
η			0.00000251*** (0.000)	
φ				-0.0161*** (0.002)
υ				0.181*** (0.000)
π				0.986*** (0.000)
ν				-0.106*** (0.000)

注：*P<0.1,**P<0.05,***P<0.01。

从表6-1中可以看出，在ARCH模型的条件方差方程中，前期误差平方项ε_{t-1}^2的系数在1%的显著性水平下拒绝$\beta = 0$的原假设，可以认为上一期的误差平方ε_{t-1}^2对当期的条件方差σ_t^2有直接的影响。因此，风险因素1得到验证。在GARCH模型的条件方差方程中，前期条件方差σ_{t-1}^2的系数在1%的显著性水平下拒绝$\delta = 0$的原假设，可以认为上一期的条件方差σ_{t-1}^2的高低对当期的条件方差σ_t^2有直接的影响。因此，风险因素2得到验证。在TARCH模型的条件方差方程中，"TARCH"项的系数为负，表明坏消息对股指期货套期保值效果的影响大于好消息，但系数在5%的显著性水平下不显著，不能拒绝$\lambda = 0$的原假设，风险因素3需要进一步检验。在EGARCH模型的条件方差方程中，$|\varepsilon_{t-1}/\sigma_{t-1}|$的系数在1%的显著性水平下拒绝$\upsilon = 0$的原假设，可以认为前期误差的强度对当期的条件方差$\sigma_t^2$有直接的影响。因此，风险因素4得到验证。

从表6-2中可以看出，在ARCH模型的条件方差方程中，前期误差平方项ε_{t-1}^2的系数在1%的显著性水平下拒绝$\beta = 0$的原假设，可以认为上一期的误差平方ε_{t-1}^2对当期的条件方差σ_t^2有直接的影响。因此，风险因素1得到验证。在GARCH模型的条件方差方程中，前期条件方差σ_{t-1}^2的系数在1%的显著性水平下拒绝$\delta = 0$的原假设，可以认为上一期的条件方差σ_{t-1}^2的高低对当期的条件方差σ_t^2有直接的影响。因此，风险因素2得到验证。在TARCH模型的条件方差方程中，"TARCH"项的系数为负，表明坏消息对股指期货套期保值效果的影响大于好消息，但系数在5%的显著性水平下不显著，不能拒绝$\lambda = 0$的原假设，风险因素3需要进一步检验。在EGARCH模型的条件方差方程中，$|\varepsilon_{t-1}/\sigma_{t-1}|$的系数在1%的显著性水平下拒绝$\upsilon = 0$的原假设，可以认为前期误差的强度对当期的条件方差$\sigma_t^2$有直接的影响。因此，风险因素4得到验证。

表6-2　　影响2日套期保值效果的风险因素检验结果（一）

	ARCH	GARCH	TARCH	EGARCH
β	0.438*** (0.000)			
α	0.000324*** (0.000)			
ζ		0.0956*** (0.000)		
δ		0.892*** (0.000)		
γ		0.00000743*** (0.000)		
κ			0.0973*** (0.000)	
θ			0.892*** (0.000)	
λ			-0.00283 (0.839)	
η			0.00000751*** (0.000)	
φ				-0.00899 (0.346)
υ				0.207*** (0.000)
π				0.984*** (0.000)
ν				-0.114*** (0.000)

注：*P<0.1,**P<0.05,***P<0.01。

表6-3 **影响3日套期保值效果的风险因素检验结果（一）**

	ARCH	GARCH	TARCH	EGARCH
β	0.545*** (0.000)			
α	0.000469*** (0.000)			
ζ		0.0882*** (0.000)		
δ		0.893*** (0.000)		
γ		0.0000151*** (0.000)		
κ			0.0604*** (0.000)	
θ			0.902*** (0.000)	
λ			0.0464** (0.013)	
η			0.0000127*** (0.001)	
φ				0.0231* (0.078)
υ				0.180*** (0.000)
π				0.986*** (0.000)
ν				-0.0930*** (0.007)

注：*P<0.1, **P<0.05, ***P<0.01。

从表6-3中可以看出，在ARCH模型的条件方差方程中，前期误差平方项ε_{t-1}^2的系数在1%的显著性水平下拒绝$\beta = 0$的原假设，可以认为上一期的误差平方ε_{t-1}^2对当期的条件方差σ_t^2有直接的影响。因此，风险因素1得到验证。在GARCH模型的条件方差方程中，前期条件方差σ_{t-1}^2的系数在1%的显著性水平下拒绝$\delta = 0$的原假设，可以认为上一期的条件方差σ_{t-1}^2的高低对当期的条件方差σ_t^2有直接的影响。因此，风险因素2得到验证。在TARCH模型的条件方差方程中，虽然"TARCH"项的系数在5%的显著性水平下拒绝$\lambda = 0$的原假设，但"TARCH"项的系数为正，在"TARCH"项的系数为正的情况下，说明坏消息效应与好消息效应是相同的，对股指期货套期保值效果都有正向作用，这也有悖于现实。因此，风险因素3需要进一步检验。在EGARCH模型的条件方差方程中，$|\varepsilon_{t-1}/\sigma_{t-1}|$的系数在1%的显著性水平下拒绝$v = 0$的原假设，可以认为前期误差的强度对当期的条件方差$\sigma_t^2$有直接的影响。因此，风险因素4得到验证。

从表6-4中可以看出，在ARCH模型的条件方差方程中，前期误差平方项ε_{t-1}^2的系数在1%的显著性水平下拒绝$\beta = 0$的原假设，可以认为上一期的误差平方ε_{t-1}^2对当期的条件方差σ_t^2有直接的影响。因此，风险因素1得到验证。在GARCH模型的条件方差方程中，前期条件方差σ_{t-1}^2的系数在1%的显著性水平下拒绝$\delta = 0$的原假设，可以认为上一期的条件方差σ_{t-1}^2的大小对当期的条件方差σ_t^2有直接的影响。因此，风险因素2得到验证。在TARCH模型的条件方差方程中，"TARCH"项的系数在5%的显著性水平下不能接受$\lambda = 0$的原假设，可以认为好、坏消息对当期的条件方差σ_t^2的影响不显著，且"TARCH"项的系数为正，在"TARCH"项的系数为正的情况下，说明坏消息效应与好消息效应是相同的，对股指期货套期保值效果都有正向作用，这也有悖于现实。因此，风险因素3需要进一步检验。在EGARCH模型的条件方差方程中，$|\varepsilon_{t-1}/\sigma_{t-1}|$的系数在1%的显著性水平下拒绝$v = 0$的原假设，可以认为前期误差的强度对当期的条件方差$\sigma_t^2$有直接的影响。因此，风险因素4得到验证。

表6-4　　**影响4日套期保值效果的风险因素检验结果（一）**

	ARCH	GARCH	TARCH	EGARCH
β	0.341*** (0.000)			
α	0.000670*** (0.000)			
ζ		0.100*** (0.000)		
δ		0.848*** (0.000)		
γ		0.0000464*** (0.002)		
κ			0.0705*** (0.000)	
θ			0.863*** (0.000)	
λ			0.0532* (0.056)	
η			0.0000376*** (0.003)	
φ				0.0332* (0.062)
υ				0.204*** (0.000)
π				0.966*** (0.000)
ν				-0.231*** (0.009)

注：*P<0.1,**P<0.05,***P<0.01。

上面通过运用各种风险因素评估模型，并代入具体的样本数据，对影响股指期货套期保值效果的风险因素进行了检验，现将检验结果汇总在表6-5中，更直观地回顾一下。

从表6-5可以看出，风险因素1、风险因素2及风险因素4在不同的套期保值时间区间下均成立，但风险因素3在不同的套期保值时间区间下结论不成立。

表6-5　**影响股指期货套期保值效果的风险因素实证检验结果汇总（一）**

	单日	2日	3日	4日
前期误差	✓	✓	✓	✓
前期风险	✓	✓	✓	✓
好、坏消息	×	×	×	×
前期误差强度	✓	✓	✓	✓

6.4　稳健性检验

为了进一步确认影响股指期货套期保值效果的风险因素是否稳定，探讨风险因素对不同变量数据的敏感性，依然运用上述的几种套期保值效果风险因素评估模型，代入现货收益率样本数据，对提出的影响股指期货套期保值效果的风险因素进行稳健性检验，检验结果见表6-6至表6-9。

从表6-6中可以发现，在ARCH模型的条件方差方程中，前期误差平方项ε_{t-1}^2的系数在1%的显著性水平下拒绝$\beta = 0$的原假设，可以认为ε_{t-1}^2对当期的条件方差σ_t^2有直接的影响。因此，风险因素1得到验证。在GARCH模型的条件方差方程中，前期条件方差σ_{t-1}^2的系数在1%的显著性水平下拒绝$\delta = 0$的原假设，可以认为σ_{t-1}^2的高低对当期的条件方差σ_t^2有直接的影响。因此，风险因素2得到验证。在TARCH模型的条件方差方程中，“TARCH”项的系数为正，在“TARCH”项的系数为正的情况下，说明坏消息效应与好消息效应是相同的，对股指期货套期

保值效果都有正向作用，这有悖于现实。并且，“TARCH”项的系数在5%的水平下不显著，不能拒绝$\lambda = 0$的原假设。将此结论与表6-1相对应的结论进行对比，可以发现风险因素3在单日套期保值策略下不成立。在EGARCH模型的条件方差方程中，$|\varepsilon_{t-1}/\sigma_{t-1}|$的系数在1%的显著性水平下拒绝$\upsilon = 0$的原假设，可以认为前期误差的强度对当期的条件方差$\sigma_t^2$有直接的影响。因此，风险因素4得到验证。

表6-6 **影响单日套期保值效果的风险因素检验结果（二）**

	ARCH	GARCH	TARCH	EGARCH
β	0.201*** (0.000)			
α	0.000165*** (0.000)			
ζ		0.0679*** (0.000)		
δ		0.928*** (0.000)		
γ		0.00000130*** (0.000)		
κ			0.0673*** (0.000)	
θ			0.929*** (0.000)	
λ			0.00102 (0.886)	
η			0.00000129*** (0.000)	
φ				−0.0234*** (0.000)
υ				0.00850** (0.019)
π				−0.953*** (0.000)
ν				−16.57*** (0.000)

注：*P<0.1,**P<0.05,***P<0.01。

从表6-7中可以看出，在ARCH模型的条件方差方程中，前期误差平方项ε_{t-1}^2的系数在1%的显著性水平下拒绝$\beta=0$的原假设，可以认为ε_{t-1}^2对当期的条件方差σ_t^2有直接的影响。因此，风险因素1得到验证。在GARCH模型的条件方差方程中，前期条件方差σ_{t-1}^2的系数在1%的显著性水平下拒绝$\delta=0$的原假设，可以认为σ_{t-1}^2的大小对当期的条件方差σ_t^2有直接的影响。因此，风险因素2得到验证。在TARCH模型的条件方差方程中，“TARCH”项的系数为正，在“TARCH”项的系数为正的情况下，说明坏消息效应与好消息效应是相同的，对股指期货套期保值效果都有正向作用，这有悖于现实。并且，“TARCH”项的系数在5%的水平下不显著，不能拒绝$\lambda=0$的原假设。将此结论与表6-2相对应的结论进行对比，可以发现风险因素3在2日套期保值策略下不成立。在EGARCH模型的条件方差方程中，$|\varepsilon_{t-1}/\sigma_{t-1}|$的系数在1%的显著性水平下拒绝$\upsilon=0$的原假设，可以认为前期误差的强度对当期的条件方差$\sigma_t^2$有直接的影响。因此，风险因素4得到验证。

表6-7　**影响2日套期保值效果的风险因素检验结果（二）**

	ARCH	GARCH	TARCH	EGARCH
β	0.297*** (0.000)			
α	0.000295*** (0.000)			
ζ		0.0947*** (0.000)		
δ		0.894*** (0.000)		
γ		0.00000556*** (0.000)		
κ			0.0897*** (0.000)	
θ			0.896*** (0.000)	

续表

	ARCH	GARCH	TARCH	EGARCH
λ			0.00776 (0.634)	
η			0.00000537*** (0.000)	
φ				0.00738 (0.518)
υ				0.198*** (0.000)
π				0.982*** (0.000)
ν				-0.135*** (0.000)

注：*P<0.1,**P<0.05,***P<0.01。

从表6-8中可以看出，在ARCH模型的条件方差方程中，前期误差平方项ε_{t-1}^2的系数在1%的显著性水平下拒绝$\beta = 0$的原假设，可以认为ε_{t-1}^2对当期的条件方差σ_t^2有直接的影响。因此，风险因素1得到验证。在GARCH模型的条件方差方程中，前期条件方差σ_{t-1}^2的系数在1%的显著性水平下拒绝$\delta = 0$的原假设，可以认为σ_{t-1}^2的高低对当期的条件方差σ_t^2有直接的影响。因此，风险因素2得到验证。在TARCH模型的条件方差方程中，“TARCH”项的系数为正，在“TARCH”项的系数为正的情况下，说明坏消息效应与好消息效应是相同的，对股指期货套期保值效果都有正向作用，这有悖于现实。并且，“TARCH”项的系数在5%的水平下不显著，不能拒绝$\lambda = 0$的原假设。将此结论与表6-3相对应的结论进行对比，可以发现风险因素3在3日套期保值策略下不成立。在EGARCH模型的条件方差方程中，$|\varepsilon_{t-1}/\sigma_{t-1}|$的系数在1%的显著性水平下拒绝$\upsilon = 0$的原假设，可以认为前期误差的强度对当期的条件方差$\sigma_t^2$有直接的影响。因此，风险因素4得到验证。

表6-8　　影响3日套期保值效果的风险因素检验结果（二）

	ARCH	GARCH	TARCH	EGARCH
β	0.302*** (0.000)			
α	0.000474*** (0.000)			
ζ		0.0840*** (0.000)		
δ		0.898*** (0.000)		
γ		0.0000120*** (0.001)		
κ			0.0587*** (0.000)	
θ			0.908*** (0.000)	
λ			0.0391* (0.058)	
η			0.00000980*** (0.003)	
φ				0.0240* (0.090)
υ				0.164*** (0.000)
π				0.985*** (0.000)
ν				-0.110*** (0.007)

注：*P<0.1,**P<0.05,***P<0.01。

从表6-9中可以看出，在ARCH模型的条件方差方程中，前期误差平方项ε_{t-1}^2的系数在1%的显著性水平下拒绝$\beta=0$的原假设，可以认为上一期的误差平方ε_{t-1}^2对当期的条件方差σ_t^2有直接的影响。因此，风险因素1得到验证。在GARCH模型的条件方差方程中，前期条件方差σ_{t-1}^2的系数在1%的显著性水平下拒绝$\delta=0$的原假设，可以认为上一期的条件方差σ_{t-1}^2的高低对当期的条件方差σ_t^2有直接的影响。因此，风险因素2得到验证。在TARCH模型的条件方差方程中，虽然"TARCH"项的系数在5%的水平下显著，但"TARCH"项的系数为正，在"TARCH"项的系数为正的情况下，说明坏消息效应与好消息效应是相同的，对股指期货套期保值效果都有正向作用，这有悖于现实。将此结论与表6-4相对应的结论进行对比，可以发现风险因素3在4日套期保值策略下不成立。在EGARCH模型的条件方差方程中，$|\varepsilon_{t-1}/\sigma_{t-1}|$的系数在1%的显著性水平下拒绝$\upsilon=0$的原假设，可以认为前期误差的强度对当期的条件方差$\sigma_t^2$有直接的影响。因此，风险因素4得到验证。

表6-9　**影响4日套期保值效果的风险因素检验结果（二）**

	ARCH	GARCH	TARCH	EGARCH
β	0.166*** (0.000)			
α	0.000681*** (0.000)			
ζ		0.0868*** (0.000)		
δ		0.879*** (0.000)		
γ		0.0000274*** (0.003)		
κ			0.0527*** (0.006)	
θ			0.887*** (0.000)	

续表

	ARCH	GARCH	TARCH	EGARCH
λ			0.0673** (0.027)	
η			0.0000232*** (0.006)	
φ				0.0413** (0.033)
υ				0.180*** (0.000)
π				0.970*** (0.000)
ν				-0.214*** (0.006)

注：*P<0.1,**P<0.05,***P<0.01。

上面通过运用风险因素评估模型，并将现货收益率样本数据代入模型，对影响股指期货套期保值效果的风险因素进行了稳健性检验，现将检验结果汇总在表6-10中，更直观地回顾一下。

由表6-10可以看出，通过将现货收益率样本数据代入上面的几种套期保值效果风险因素评估模型，对提出的影响股指期货套期保值效果的风险因素进行稳健性检验，同样可以发现，风险因素1、风险因素2及风险因素4在不同的套期保值时间区间均成立，风险因素3在不同的套期保值时间区间下不成立。

表6-10　**影响股指期货套期保值效果的风险因素实证检验结果汇总（二）**

	单日	2日	3日	4日
前期误差	✓	✓	✓	✓
前期风险	✓	✓	✓	✓
好、坏消息	×	×	×	×
前期误差强度	✓	✓	✓	✓

6.5 本章小结

本章在前面章节股指期货与现货投资组合套期保值模型的基础上，首先，依据ARCH、GARCH、TARCH和EGARCH这四种模型的条件方差方程提出影响股指期货与现货投资组合套期保值效果的几种风险因素：风险因素1，股指期货日收益率的前期误差会影响当期的股指期货与现货投资组合套期保值效果；风险因素2，股指期货日收益率的前期风险会影响当期的股指期货与现货投资组合套期保值效果；风险因素3，股指期货日收益率的前期好、坏消息会影响当期的股指期货与现货投资组合套期保值效果；风险因素4，股指期货日收益率的前期误差强度会影响当期的股指期货与现货投资组合套期保值效果。其次，将股指期货日收益率样本数据代入模型，对风险因素进行检验，得出如下结论：风险因素1、风险因素2及风险因素4在不同的套期保值时间区间下均成立，但风险因素3在不同的套期保值时间区间下结论不成立。最后，为了进一步检验影响股指期货与现货投资组合套期保值效果的风险因素是否稳定，研究风险因素对不同变量数据的敏感性，依然运用上述的几种ARCH族模型，代入股指现货日收益率序列样本数据，对提出的影响股指期货与现货投资组合套期保值效果的风险因素进行稳健性检验。通过对风险因素的稳健性检验，同样可以发现，风险因素1、风险因素2及风险因素4在不同的套期保值时间区间下均成立，风险因素3在不同的套期保值时间区间下结论不成立。

7 总结与展望

本章首先对本书的主要研究结论进行归纳，接着结合本书的主要内容和研究结论提出政策性建议，最后指出本课题在研究过程中存在的不足之处，并对下一步研究提出展望。

7.1 主要结论

本书围绕着套期保值在股指期货与现货投资组合中的应用这一研究课题而展开。首先，通过对套期保值在股指期货与现货投资组合中的应用相关文献进行回顾与梳理，发现国内外学者取得了很多有价值的成果，提出了很多真知灼见，相关文献对本书的写作有很好的启发与指导意义。但是，我们也发现了相关研究的空白点：一是虽然根据搜集到的相关文献可以看出套期保值方面的研究成果较多，但其中大部分是研究商品期货，因为国内股指期货出现得较晚，系统研究国内股指期货套期保值的成果较少。二是套期保值的落脚点是套期保值比率的计算，为了计算套期保值比率需要分析数据间的相关性，而从套期保值的角度研究数据间具有何种类型相关性的文献较少，并且其关注点主要放在线性相关层面上。三是现有的套期保值研究成果在计算出套期保值比率后鲜有后续研究，尤其体现在影响套期保值效果的风险因素层面。

结合本课题的研究背景，并在国内外相关研究的基础上，本书从套期保值在股指期货与现货投资组合中的应用这一角度进行相关研究。首先，通过技术指标的筛选，构建多种股指期货与现货收益率预测模型，并结合具体的样本数据进行实证对比分析，探寻不同参数条件下的最优股指期货与现货收益率预测模型，对股指期货与现货收益率进行预测。其次，对两种收益率之间的相关性进行分析。最后，在对两种收益率相关性进行分析的基础上，构建多种计算股指期货套期保值比率的模型，并结合具体的样本数据，对不同模型的股指期货套期保值比率计算结果进行对比分析，寻找不同参数条件下的最优套期保值比率算法模型，同时对影响股指期货与现货投资组合套期保值效果的风险因素进行分析。期待通过对套期保值在股指期货与现货投资组合中的应用研究，为我国期货和现货市场上的投资者进行股指期货与现货投资组合套期保值操作时提供相应的套期保值模型作为参考。本书的主要研究结论可归纳如下：

通过构建的股指期货与现货收益率预测模型对股指期货与现货收益率进行预测，并运用评价模型预测效果的三种准则对收益率预测结果进行对比分析。通过对模型预测效果各评价指标值的对比分析，可以发现，无论从股指期货收益率预测，还是从现货收益率预测来讲，ARMA模型的预测效果最差，SVR模型的预测效果次之，BPNN模型的预测效果最好。这也说明，在数据比较平稳且进行短期预测时，采用ARMA模型效果较好，但是在数据结构比较复杂时，运用智能算法预测模型能得到更优的结果。虽然从理论推导过程来讲，使用遗传算法（GA）和粒子群算法（PSO）优化后的SVR模型和BPNN模型进行股指期货与现货收益率的预测，比单纯使用SVR模型和BPNN模型进行预测效果要优，但是在实际操作过程中效果并不理想，通过使用统计软件反复检验，判断与预设的终止进化代数和迭代进化次数选择有关。另外，在股指期货收益率预测中，遗传算法（GA）优化后的模型得出的整体预测效果比粒子群算法（PSO）优化后的模型得出的整体预测效果要优；而在现货收益率预测中，粒子群算法（PSO）优化后的模型得出的整体预测效果比遗传算法（GA）优化后的模型得出的整体预测效果要优。这也说明，优化后的SVR模型和BPNN模型在预测效果上存在差异，还与采用的数据样本及样本容量有关。

为了分析股指期货与现货收益率之间的相关性，我们进行了以下两方面的工作。首先，为了检验两种收益率之间的引导关系，构建了VAR模型，经过Granger检验，发现两种收益率之间是一种互为引导的关系。通过两种收益率之间的脉冲响应试验以及预测误差方差分解试验，发现在这种互为引导的关系中，股指期货收益率在市场上比现货收益率反应更为灵敏，而且在收益率引导过程中，股指期货收益率担当着主导者的角色。接着，考虑到股指期货与现货收益率之间可能存在着非线性、非对称、尾部相关等特性，我们构建了针对两种收益率的二元Copula函数模型，发现两种收益率之间确实存在着非线性、尾部相关等特征。也就是说，如果一种收益率中出现极值的情况，那么由于两种收益率之间存在着相关性，就会引起另一种收益率出现振荡。正是因为两种收益率之间存在着较明显的相关性，才使得现货投资在期货市场上实施方向相反的套期保值操作成为可能。

为了运用构建的多种股指期货套期保值比率算法模型计算出在股指期货与现货投资组合收益率方差最小化目标下的套期保值比率，我们进行了以下工作。首先，根据对样本数据的单位根和ARCH效应的检验结果，得出了样本数据具备利用构建的多种股指期货套期保值比率算法模型在收益率方差最小化目标下计算套期保值比率的结论。其次，结合具体的样本数据类型，在收益率方差最小化目标的前提下，运用构建的多种股指期货套期保值比率算法模型计算出了相应的套期保值比率。最后，运用评价股指期货套期保值比率模型套期保值效果的两类指标对不同的套期保值比率结果进行对比分析，并得出了以下结论：无论从收益率方差最小的角度来看，还是从预期收益率最大的角度来看，DVECH-GARCH模型的整体套期保值效果最好，相比之下，OLS模型的整体套期保值效果最差。通过对多种股指期货套期保值比率模型套期保值效果的对比分析，可以发现，期货合约是一个很好的分散风险的套期保值工具，投资者若能按照一定的套期保值比率将现货头寸与期货头寸进行组合投资，不但能使投资者承担的风险大幅降低，投资收益率也能得到显著提高。

为了对投资者进行套期保值操作时提供相应的套保风险预警，在股指期货与现货投资组合套期保值模型的基础上，我们进行了以下工作。首先，依据ARCH、GARCH、TARCH和EGARCH这四种模型的条件方差方程提出影响股指期货与现货投资组合套期保值效果的几种风险因素。其次，将股指期货日收益率样本数据代入模型，对风险因素进行检验，得出如下结论：风险因素1、风险因素2及风险因素4在不同的套期保值时间区间下均成立，但风险因素3在不同的套期保值时间区间下结论不成立。最后，为了进一步检验影响股指期货与现货投资组合套期保值效果的风险因素是否稳定，研究风险因素对不同变量数据的敏感性，依然运用上述的几种ARCH族模型，代入股指现货日收益率序列样本数据，对提出的影响股指期货与现货投资组合套期保值效果的风险因素进行稳健性检验。通过对风险因素的稳健性检验，同样可以发现，风险因素1、风险因素2及风险因素4在不同的套期保值时间区间下结论均成立，风险因素3在不同的套期保值时间区间下结论不成立。

综上所述，本书紧紧围绕套期保值在股指期货与现货投资组合中的应用这一研究课题，从股指期货与现货收益率的预测、股指期货与现货收益率的相关性、股指期货套期保值比率的计算、影响股指期货与现货投资组合套期保值效果的风险因素等维度依次对该课题进行了研究论证，形成了相对完整的套期保值在股指期货与现货投资组合中的应用研究的理论框架，丰富了期货投资理论体系，期待能够为股指期货的投资提供相应的理论支撑和实际操作参考。

7.2 政策性建议

结合本书的主要内容和研究结论，提出如下几点政策性建议：

（1）提高股指期货与现货市场的相关性。由本书的研究结论可知，现货市场在期货市场进行套期保值操作的前提是股指期货与现货市场需要有显著的相关性，股指期货与现货市场相关性越强，股指期货与现货投资组合套期保值效果就越好。因此，为了提高股指期货与现货市场的相关性，需要采取以下政策措施。一是尽快使股指期货与现货市场的交易时间限制同步。由于我国股指期货与现货市场的交易时间限制不同，股指期货市场施行的是T+0交易时间制度，现货市场施行的是T+1交易时间制度，这种有差别的交易时间制度，导致现货市场的交易速度无法赶上期货市场的速度，致使现货市场价格走势落后于期货市场，弱化了股指期货与现货市场的相关性，增大了现货价格与期货价格之间的基差风险，降低了股指期货套期保值的效果。如果股指期货与现货市场交易时间限制相同，比如现货市场也施行T+0交易时间制度，那么两个市场之间的信息流就能更快地相互传递，使基差风险降低，相关性提高，增强股指期货与现货投资组合套期保值效果。二是提高现货市场的引导力度。本书的研究结论显示，股指期货与现货收益率之间是一种互为引导的关系，但在这种互为引导的关系中，股指期货收益率的引导作用占据主导地位。股指期货与现货市场之间的引导关系不对等，造成两个市场发挥作用不同，弱化了股指期货与现货市场之间的相关性。为了提高现货市场的引导力度，除了使股指期货与现货市场的交易时间限制同步外，还可按照本书提出的思路建立股指期货与现货投资组合套期保值模型，按照一定的套期保值比率进行股指期货与现货组合投资，从而使得股指期货与现货市场的投资者在受到市场新干扰项冲击的时候，能够以最快的速度和最小的成本对股指期货与现货市场的交易进行选择与组合，采用股指期货与现货投资组合的办法来抵消交易中不必要的损失。三是健全股指期货与现货市场的信息披露制度。比如，及时发布与现货市场相关的上市公司的人事变动、公司经营情况等信息，以便于投资者及时掌握股指期货与现货市场走势。

（2）壮大股指期货市场套期保值参与主体。股指期货市场中套期保值的参与主体主要包括利用股指期货市场作套期保值的企业、机构投资者和个人投资者，股指期货市场的参与主体对套期保值的效率起着重要的作用。一是加快国有企业改革，转变国有企业经营机制，增强国有企业风险管理意识，积极利用股指期货市场的套期保值功能分散企业在现货市场中面临的风险。二是壮大机构投资者队伍。机构投资者专业素质高，交易经验丰富，能够作出更为理性的投资决策，促进股指期货套期保值功能的实现。所以，可通过政策杠杆鼓励证券公司、信托公司、财务公司、基金公司、保险公司、大型私企以及国有企业发展成为股指期货套期保值操作的机构投资者，运用股指期货套期保值的方法规避或分散投资、生产或销售风险。三是加强金融期货交易所套期保值业务的创新。比如，对入市交易的套期保值者在持仓限制、保证金等方面给予适当政策倾斜，为套期保值者提供宽松稳定的市场交易环境。

（3）加强期货从业人员的培养。我国期货业要得到健康发展，充分发挥期货市场套期保值的功能，必须依托大批优秀的期货从业人员。虽然沪深300股指期货在中国金融期货交易所上线运行至今已经有10余个年头，中国金融期货交易所陆续推出了中证500股指期货、上证50股指期货以及2年期、5年期、10年期国债期货，但是国内期货从业人员相对缺乏，不能满足市场需求，阻碍了我国期货市场的发展。比如，利用期货作套期保值的生产企业或销售企业缺少专职期货人员；社会上的个人投资者不了解期货投资特点，甚至把期货交易当作股票交易一样来操作，影响了投资收益；拥有专业知识的期货从业人员获得的收入无法与其所遇到的风险以及所掌握的知识相匹配，导致人才流失等。因此，需要从多方面加强期货从业人员的培养。一是建立期货业人才教育培训师资库和高校期货业后备人才培养基地，切实增强期货业教育培训市场化和社会化意识，构建社会化的期货教育培训体系。二是完善期货从业人员信用制度和诚信机制。对期货从业人员实行信用评级制度和投诉制度，监管部门对信用评级低劣的单位和个人，尤其是对屡教不改者加大惩罚力度，使风险制造者承担相应的信用损失。三是鼓励期货从业人员丰富自身的期货知识储备，提高交易风险防范意识。期货交易是专业性很强的金融衍生品交易，对从业人员的专业知识储备和实战经验要求非常高，只有从业人员充分掌握期货交易的运行方式，了解期货交易存在的潜在风险，如保证金风险、基差风险、违约风险等，才能运用期货进行套期保值操作，发挥期货规避或分散现货市场风险的功能。四是建立规范有效的人才评价和激励机制，建立由德、识、才、绩等要素构成的期货业人才评价指标体系，奖励对期货业发展作出突出贡献的人员，资助优秀期货从业人员进行深造。

（4）降低股指期货市场交易门槛，增加股指期货市场交易品种。目前，中国金融期货交易所推出的沪深300股指期货、中证500股指期货、上证50股指期货三种期货市场准入条件较高，可能比较适合利用股指期货进行套期保值操作的企业和机构投资者，众多的个体中小投资者很难参与进来，这对想在股指期货市场分散现货市场风险或准备利用股指期货市场进行套期保值操作的众多中小投资者很不利。同时，品种有限也阻碍了我国股指期货与现货市场联动效应的发挥，不利于规避或分散现货市场投资风险。为解决此弊端，一是要适当降低股指期货交易门槛，让更多的个人投资者能参与到股指期货市场中来，进行股指期货交易或套期保值操作。二是要增加股指期货交易品种，主要是推出小型股指期货交易品种。这样一来，沪深300股指期货、中证500股指期货、上证50股指期货市场交易可以主要面向机构投资者或者利用期货市场进行套期保值的企业，小型股指期货交易品种更多面向的是众多的中小个人投资者。因此，适当增加股指期货交易品种，有助于各类投资者根据具体情况选择适合自身的股指期货品种，从而进行更有效的套期保值操作，推动我国股指期货和现货市场健康发展。

（5）加大对股指期货与现货市场的投资风险监管力度。根据本书的研究结论，为了规避或分散投资者进行股指期货与现货投资时面临的各种风险，提高股指期货与现货投资组合套期保值效果，应加大对股指期货与现货市场的投资风险监管力度。一是完善跨市场风险监管制度。由于股指期货与现货市场存在关联性，当某一个市场出现行情动荡时，就会引起另一个市场出现行情动荡，加大了股指期货与现货市场的整体风险。因此，监管部门应统筹股指期货和现货两个市场的风险监管。当股指期货市场或现货市场发生风险预警时，监管部门应及时查找风险源头，依法依规快速处理，尽快遏制市场行情的剧烈波动，缩小风险扩大的范围，降低风险发生的概率和规模。二是健全实时风险监管体系，完善事前风险预警机制。互联网把互不谋面的众多投资者联系在一起，在短时间内就可以完成股指期货与现货组合投资，实现巨量的交易。如果对潜在的投资风险采取事后处理模式，投资风险一旦暴露，那么投资损失已经发生，将无法挽回。因此，在风险监管模式上，应该完善事前风险预警机制，健全实时风险监管体系，将风险事后处理变为风险事前防范。三是加强期货和现货市场的行业自律。期货行业专业性非常强，普通人很难察觉期货市场中的一些纰漏，而监管部门有时也会面临人力、物力、财力短缺，出现有心去监管、无力去执行的尴尬局面，在这样的情况下，期货和现货市场的行业协会的作用就显得非常重要了，因此，行业协会应该遵守职业道德，加强行业自律，在股指期货和现货市场风险监管中扮演好辅助角色。四是强化对期货公司和证券公司等中介机构的监管。在股指期货和现货市场发展过程中，期货公司和证券公司等中介机构扮演着重要角色，庞大的分支机构和复杂的交易系统为其获取股指期货和现货市场的投资交易信息提供了便利条件，为了保证股指期货和现货市场公平交易，监管部门应对期货公司、证券公司等中介机构的信息披露、风险控制制度进行适时审查。

7.3 研究展望

本书从股指期货与现货收益率的预测、股指期货与现货收益率之间的相关性、股指期货套期保值比率的计算、影响股指期货与现货投资组合套期保值效果的风险因素等多个维度依次对套期保值在股指期货与现货投资组合中的应用这一课题进行了研究，虽然取得了一定的研究成果，但鉴于样本数据的可得性、易用性以及样本数据处理等方面存在的欠缺，因此本课题还可以从以下几个层面进行更深入的研究。

（1）本书仅使用了沪深300股指期货日收盘价和沪深300股指现货日收盘价作为原始样本数据进行相关实证分析，在以后的研究中可以使用日开盘价或其他指标数据展开实证分析，并与仅使用日收盘价数据的实证分析结果进行对比分析；鉴于数据资源的可得性，在本书的研究中仅使用了日数据序列进行实证分析，在进一步的研究中，可以采用高频数据进行相关实证分析。另外，目前中国金融期货交易所还进行着中证

500股指期货和上证50股指期货的交易，在进一步的研究中，可以同时采用沪深300股指期货、中证500股指期货和上证50股指期货的交易数据进行相关的对比实证分析。

（2）本书使用的样本数据的时间区间为2010年4月16日至2021年12月31日，并对数据样本进行相应整理，然后进行相关实证分析。随着我国期货市场和现货市场的持续运行，后续将产生更多的交易数据资源，在进一步的研究中，可以根据需要，更灵活地选取样本数据时间区间段。

（3）中国金融期货交易所同一种股指期货在交易日同时存在当月交割合约、下月交割合约、下季交割合约和隔季交割合约四种交易合约，在本书的研究中，使用的原始样本数据沪深300股指期货日收盘价来自于当月合约日收盘价连续数据。在进一步的研究中，可以采用其他交易合约的数据进行相关的实证对比分析。

（4）鉴于数据资源的可得性，本书在模型构建及实证分析过程中未能引入交易成本等相关数据。在进一步的研究中，可以将交易成本等相关数据引入模型的构建及实证分析过程，并通过对比评价来检验结论的稳健性。

参考文献

[1] 余星，王玉霞，王鑫鑫. 基于效率和经济价值的期货套期保值二次决策准则 [J]. 系统管理学报，2021，30（1）：54-62.

[2] 刘毅男. GAS框架下的投资组合风险测度与优化研究 [D]. 长春：吉林大学，2021.

[3] 姚存留. 基于随机规划和决策规则的多阶段投资组合决策研究 [D]. 兰州：兰州理工大学，2021.

[4] 唐志武，居阔. 沪深300股指期货与富时中国A50指数期货联动性研究 [J]. 价格理论与实践，2020（9）：94-97，179.

[5] 任仙玲，邓磊. 基于Copula分位数回归原油期货市场套保模型及效率研究 [J]. 数理统计与管理，2020，39（4）：746-760.

[6] 王玉玲，向云霜. 连续交易制度与价格发现功能的相关性研究——基于我国黄金期货市场的实证分析 [J]. 价格理论与实践，2020（4）：100-103，177.

[7] 张登耀. 我国股指期货与现货的相关性、套期保值比率及套保效果影响因素研究 [D]. 大连：东北财经大学，2020.

[8] 国务院金融稳定发展委员会办公室. 关于进一步扩大金融业对外开放的有关举措 [EB/OL]. [2021-01-02]. http：//www. gov. cn/xinwen/2019-07/21/content_5412293. htm.

[9] 陈粘，林宇，黄登仕，等. Brent原油期货市场波动结构突变点预测 [J]. 系统管理学报，2019，28（6）：1095-1105.

[10] 张煌，梁朋，肖琨武，等．基于小波去噪和神经网络的期货预测模型［J］．长春理工大学学报（自然科学版），2019，42（4）：129-132，142．
[11] 张劲帆，汤莹玮，刚健华，等．中国利率市场的价格发现——对国债现货、期货以及利率互换市场的研究［J］．金融研究，2019（1）：19-34．
[12] 刘爽，游碧蓉．五年期国债期货最优套期保值比率的实证研究［J］．福建农林大学学报（哲学社会科学版），2019，22（5）：59-68．
[13] 侯为波，邓芹．中国铜和铝期货最优套期保值比率与持有期效应的对比分析［J］．吉林师范大学学报（自然科学版），2019，40（3）：41-46．
[14] 唐韵捷，陈金海，曲林迟．上海出口集装箱运价指数衍生品套期保值功能实证研究与建议［J］．金融理论与实践，2019（7）：39-46．
[15] 董志敏．沪深300股指期货与现货市场间的风险传染效应研究［D］．兰州：兰州财经大学，2019．
[16] 胡岸．股指期货套期保值实务操作与案例分析［N］．期货日报，2019-05-07（3）．
[17] 周科竞．引导更多散户利用期货对冲风险［N］．北京商报，2019-04-22（6）．
[18] 张瑞稳，赵沁怡．基于GARCH-CVaR的股指期货套期保值模型的实证分析［J］．统计与决策，2019，35（4）：170-172．
[19] 蔡鸿飞．沪深300股指期货套期保值效果研究［J］．西部皮革，2019，41（4）：43-45．
[20] 吴景，张青龙．基于GARCH模型的股指期货套期保值绩效研究［J］．中国物价，2019，（2）：65-67．
[21] 吴振达．中美贸易摩擦前后中国十二类行业股价波动的传染效应研究［D］．南宁：广西大学，2019．
[22] 李海林，梁叶．标签传播时间序列聚类的股指期货套期保值策略研究［J］．智能系统学报，2019，14（2）：288-295．
[23] 尹力博，杨清元，韩立岩．技术指标能够预测商品期货价格吗？来自中国的证据［J］．管理科学学报，2018，21（6）：99-109．
[24] 张佳宁．商品期货市场中投资者交易信息的收益预测能力分析［J］．统计与决策，2018，34（21）：160-162．
[25] 龚旭，林伯强．跳跃风险、结构突变与原油期货价格波动预测［J］．中国管理科学，2018，26（11）：11-21．
[26] 王苏生，王俊博，李光路．基于ARMA模型的沪深300股指期货高频数据收益率研究与预测［J］．华北电力大学学报（社会科学版），2018，（3）：71-79．

[27] 郑志勇，王洪武. 金融数量分析——基于MATLAB编程［M］. 4版. 北京：北京航空航天大学出版社，2018.

[28] 虞堪，王智奇. 不同约束环境下的股指期货市场运行质量分析［J］. 中国证券期货，2018（6）：35-48.

[29] 薛丽丽. 股指期货对股市波动性的影响研究——以沪深300指数为例［J］. 时代金融，2018（32）：356-357，364.

[30] 洪颖. 基于风险市场的套期保值会计规避探究［J］. 财会学习，2018（30）：85-86.

[31] 车静静. 股指期现货市场发展问题研究［J］. 时代金融，2018（26）：187-188.

[32] 唐勇，崔金鑫. 中国股票市场最优套期保值比率研究——基于高阶矩HAR模型［J］. 系统科学与数学，2018，38（9）：1036-1054.

[33] 杨光艺. 股指期货限仓对衍生品市场价格偏差的影响及原因［J］. 证券市场导报，2018（9）：31-37，45.

[34] 程小勇. 金融期货如何服务机构投资者［N］. 期货日报，2018-08-17（5）.

[35] 刘晨，安毅. 动态套期保值模型的改进路径及其有效性——一个研究述评［J］. 南方金融，2018（9）：33-42.

[36] 王明国，余海琳. 我国股指期货存在的问题及对策研究［J］. 现代商业，2018（22）：74-75.

[37] 周科竞. 股指期货恢复常态是好事［N］. 北京商报，2018-07-24（6）.

[38] 汪燕云. 股指期货会计对传统会计理论的影响及改进建议［J］. 商业会计，2018（14）：47-48.

[39] 苏剑. 沪深300股指期货套期保值风险管理对策探析［J］. 东方企业文化，2018（S1）：207-208.

[40] 吴琼. 中美棉花期货套期保值有效性的比较研究［D］. 北京：首都经济贸易大学，2018.

[41] 王春秀. 探索套期保值业务对现代国有大型煤炭企业的意义［J］. 现代经济信息，2018（12）：29-30.

[42] 朱慧. 港交所人民币期货套期保值绩效研究［D］. 南昌：江西财经大学，2018.

[43] 陈涛，程希骏，马利军，等. R-藤Pair Copula模型下的投资组合最优套期保值比例研究［J］. 工程数学学报，2018，35（6）：611-621.

[44] 梁成. 基于小波核支持向量机回归的股指期货价格预测［D］. 上海：上海师范大学，2018.

[45] 高瑜谦．基于VaR-GARCH的沪深300股指期货基差风险管理研究［D］．哈尔滨：哈尔滨工程大学，2018．

[46] 张瑞琪．基于ECM-GARCH模型对上证50股指期货套期保值的实证分析［J］．科技经济市场，2018，(3)：66-68．

[47] 黄卿，谢合亮．机器学习方法在股指期货预测中的应用研究——基于BP神经网络、SVM和XGBoost的比较分析［J］．数学的实践与认识，2018，48 (8)：297-307．

[48] 吴生泉．中证500股指期货与现货指数关系的实证研究［D］．南京：南京大学，2018．

[49] 王霏．沪深300股指期货对ETF套期保值效果分析［J］．阴山学刊（自然科学版），2018，32 (1)：124-127．

[50] 程伟，许学军．基于BP神经网络和小波降噪的沪深300股指期货价格预测［J］．农场经济管理，2018 (4)：40-43．

[51] 陈康，尤超．股指期货与现货价格影响研究综述［J］．现代管理科学，2018 (4)：39-41．

[52] 龚谊洲．我国股指期货最优套期保值率实证研究——基于上证50、中证500的经验数据［J］．时代金融，2018 (8)：192-194．

[53] 张震，徐晟．股指期货的数据频率对统计套利绩效的影响研究——基于动态预测区间的择时交易机制［J］．科学决策，2017 (2)：61-75．

[54] 徐荣，李星野．基于EWMA模型的铜期货动态套期保值效果研究［J］．经济数学，2017，34 (4)：89-96．

[55] 徐磊，倪旸，杜朕威．我国股指期货对股票市场定价的研究［J］．价格理论与实践，2017 (12)：102-105．

[56] 郝宁．沪深300股指期货对现货市场波动性影响研究［D］．北京：首都经济贸易大学，2017．

[57] 黄瑞，吴鑫育．基于Copula-GARCH模型的最小VaR套期保值比率的估计［J］．伊犁师范学院学报（自然科学版），2017，11 (4)：18-22．

[58] 吉洁．中国股指期货规制改革的微观监控指标体系研究［J］．特区实践与理论，2017 (6)：95-100．

[59] 祝一鸣．浅析期货交易的常用手段［J］．中国市场，2017 (31)：56-57．

[60] 袁晨，傅强．我国股指期现货的动态相关性及其套期保值效果：来自上证50、沪深300和中证500指数的新证据［J］．系统工程，2017，35 (10)：13-22．

[61] 丁逸俊，冯芸．现货市场异常波动下股指期货交易限制对市场质量的影响分析［J］．系统工程理论与实践，2017，37 (10)：2481-2496．

[62] 吕沛航，樊祺. 沪深300股指期货套期保值实证研究——基于2016年以来主力合约的收盘价数据［J］. 现代商业，2017（28）：94-97.
[63] 李博. 基于高频数据的股指期货收益波动特征及套期保值研究［D］. 大连：东北财经大学，2017.
[64] 张锐. 股指期货回归常态能让慢牛行情走得更稳［N］. 上海证券报，2017-09-20（10）.
[65] 孟靖函. 基于风险市场的套期保值会计规避研究［J］. 中国市场，2017（26）：56-57.
[66] 张桐. 金融期货与商品期货的期货与现货价格关系分析——以沪深300股指、黄金为例［J］. 山西农经，2017（17）：84-86.
[67] 张璐，万迪昉，商晨，等. 分类账户制度能够抑制市场过度投机吗——来自中国股指期货市场的经验证据［J］. 当代经济科学，2017，39（5）：48-56，125-126.
[68] 周科竞. 没有散户的股指期货不能套期保值［N］. 北京商报，2017-09-08（6）.
[69] 王玉霞，史家亮，苏巍巍. 中证500股指期货动态价量关系研究——基于高频数据的实证检验［J］. 金融理论与教学，2017（4）：1-7.
[70] 杨华. 浅析焦煤焦炭与沪深300股指期货［J］. 财经界（学术版），2017（23）：26-27.
[71] 闫星月. 境内金融期货各品种合约介绍［N］. 期货日报，2017-08-02（5）.
[72] 郑淅予. 股指期货升贴水变化的四大原因［N］. 证券时报，2017-07-28（A04）.
[73] 孙舞媛. 中国三大股指期货功能的实证研究［D］. 广州：暨南大学，2017.
[74] 沈芳. 我国股指期货与股市波动相关关系的实证研究［J］. 农村经济与科技，2017，28（11）：123-124.
[75] 张格格. S公司股指期货投资的风险管理研究［D］. 西安：西安石油大学，2017.
[76] 蒋文斌，李丰. 玉米替代品进口冲击对临时收储政策的影响——基于VAR-BEKK-GARCH模型［J］. 粮食科技与经济，2017，42（5）：24-28.
[77] 韩文腾. 农产品企业风险管理研究——套期保值模型在契约农业中的应用［D］. 北京：首都经济贸易大学，2017.
[78] 杨洁，郭俊峰. 沪深300股指期货套期保值效果实证研究［J］. 福建师范

大学学报（哲学社会科学版），2017（3）：32-41，168.
[79] 黄凝，王春峰，房振明. 贝塔会随着信息变化吗?——基于中国股票套期保值失效问题研究［J］. 系统工程，2017，35（5）：20-28.
[80] 周江琳. 交易机制调整对股指期货套期保值效率的影响研究［D］. 成都：电子科技大学，2017.
[81] 祝丽薇. 趋势差异下股指期货与现货市场间波动溢出效应研究［D］. 西安：陕西师范大学，2017.
[82] 黄华君，周盾白. 期货价格预测理论的研究进展分析［J］. 当代经济，2017（12）：48-49.
[83] 赵新伟. 石油长期合约的期货对冲风险及策略［J］. 系统工程，2017，35（4）：33-39.
[84] 李国旺. 股指期货套期保值功能为何失效［N］. 上海证券报，2017-04-24（7）.
[85] 吴千里，王吉培. 沪深300股指期货和现货的极值风险测度研究［J］. 中国物价，2017（4）：26-27.
[86] 曹彬. 境外国债期货市场持仓限额制度研究［J］. 经济研究导刊，2017（11）：119-121.
[87] 林杰，龚正. 基于人工神经网络的沪锌期货价格预测研究［J］. 财经理论与实践，2017，38（2）：54-57.
[88] 刘晓东. 沪深300股指期货价格预测［J］. 时代金融，2017（5）：182-183.
[89] 赵珍华. 基金交易量与价格之间的波动溢出效应——基于中国基金市场的检验［D］. 济南：山东大学，2017.
[90] 高丽，李玥，孔萍. 价格波动下的大豆期货市场投资研究——基于我国期货市场价格波动的视角［J］. 经济问题，2016（12）：112-115.
[91] 吴敏. 我国玉米期货的波动率分析及应用［D］. 南昌：华东交通大学，2016.
[92] 刘湘云，吴文洋，朱泓翰. 基于小波神经网络的股指期货市场极端风险预警研究［J］. 投资研究，2016，35（12）：31-47.
[93] 瞿慧，周慧. 引入跳跃与联跳强度的沪深300股指期货套期保值研究［J］. 中国管理科学，2016，24（S1）：454-460.
[94] 金春雨，王薇，刘洋. 基于CWT方法的我国大豆期货市场价格发现功能及美中大豆期现货市场价格联动性分析［J］. 数量经济研究，2016，7（2）：149-165.
[95] 李汉琛. 基于支持向量机理论的股指期货量化交易策略研究［D］. 杭州：

浙江大学，2016.
[96] 徐茂森. 基于bp神经网路的我国沪深300股指期货价格预测 [J]. 商，2016 (1): 191.
[97] 郑振龙，秦明. 股指期货定价相对位置及其预测能力检验 [J]. 商业经济与管理，2015 (1): 64-70.
[98] 刘向丽，王旭朋. 基于小波分析的股指期货高频预测研究 [J]. 系统工程理论与实践，2015，35 (6): 1425-1432.
[99] 李刚. 基于GARCH簇模型的碳期货波动率预测研究 [J]. 中国物价，2015 (11): 60-63.
[100] 江建明，柳长青. 基于主成分分析法与BP神经网络的股指期货价格预测 [J]. 现代商业，2015 (18): 176-177.
[101] 谢中华. MATLAB统计分析与应用: 40个案例分析 [M]. 2版. 北京: 北京航空航天大学出版社，2015.
[102] 张跃军，涂鋆. 中国燃料油期货市场动态套期保值研究——基于Copula-GARCH模型的实证分析 [J]. 北京理工大学学报 (社会科学版)，2015，17 (1): 8-13.
[103] 孙燕红，费广平. VaR最小化的股指期货套期保值比率研究 [J]. 数理统计与管理，2015，34 (4): 750-760.
[104] 赵蕾，文忠桥，朱家明. 基于Copula-GARCH模型最优套期保值比率 [J]. 海南师范大学学报 (自然科学版)，2015，28 (2): 141-144.
[105] 约翰·赫尔. 期权与期货市场基本原理 (原书第7版) [M]. 王勇，袁俊，译. 北京: 机械工业出版社，2015.
[106] 史文静，高岩. EMD结合RBF神经网络新混合模型及股指期货价格预测 [J]. 经济数学，2015，32 (1): 47-51.
[107] 王继莹，郑耀威. 沪深300股指期货套期保值效率度量研究——基于沪深300ETF的实证分析 [J]. 成都理工大学学报 (社会科学版)，2014，22 (6): 20-26.
[108] 吴闽帆，张勇. 一种新型神经网络在期货价格预测中的应用 [J]. 新疆师范大学学报 (自然科学版)，2014，33 (2): 39-42.
[109] 吴闽帆. 基于随机变异优化选择规则的神经网络在股指期货价格预测中的应用 [D]. 厦门: 厦门大学，2014.
[110] 陈晓杰. 股指期货高频动态估值研究——以沪深300股指期货为例 [J]. 北京工商大学学报 (社会科学版)，2014，29 (4): 76-85.
[111] 程利. 基于Bayes-Copula的金融市场相关性分析 [D]. 长沙: 湖南大学，2014.

[112] 徐颢华，顾海峰．股指期货短期价格预测模型研究——基于差分BP神经网络模型 [J]．金融教学与研究，2014 (3)：27-32．
[113] 孙静华，杨本硕，杨德平．沪深300股指期货市场和现货市场信息传播实证研究 [J]．青岛大学学报（自然科学版），2014 (1)：96-100．
[114] 程亚男．波动率因子变量在股指期货高频交易模型中的应用 [D]．广州：华南理工大学，2014．
[115] 卓金武．MATLAB数学建模方法与实践 [M]．3版．北京：北京航空航天大学出版社，2014．
[116] 陈强．高级计量经济学及Stata应用 [M]．2版．北京：高等教育出版社，2014．
[117] 张甜．Stata统计分析与行业应用案例详解 [M]．北京：清华大学出版社，2014．
[118] 卞菠，蔡用．我国股指期货套期保值效率研究——基于二元GARCH-BEKK和TGARCH-BEKK模型 [J]．武汉金融，2013 (11)：23-26．
[119] 周玉婷．基于ECM-GARCH模型的我国PTA期货套期保值绩效研究 [J]．中国外资，2013 (24)：172-173．
[120] 李冰娜．基于RMT去噪法股票投资组合风险优化研究 [D]．哈尔滨：哈尔滨工业大学，2013．
[121] 王小川，史峰，郁磊，等．MATLAB神经网络43个案例分析 [M]．北京：北京航空航天大学出版社，2013．
[122] 李战江，张昊，孙鹏哲，等．基于ARIMA模型的沪深300股指期货价格预测研究 [J]．鲁东大学学报（自然科学版），2013 (1)：22-24．
[123] 赵华，王一鸣，王汨泉．基于马尔可夫状态转换方法的套期保值 [J]．系统工程理论与实践，2013 (7)：1743-1752．
[124] Ruey S. Tsay．金融时间序列分析 [M]．王远林，王辉，潘家柱，译．3版．北京：人民邮电出版社，2012．
[125] 孙晓莹，李晓静．数据挖掘在股票价格组合预测中的应用 [J]．计算机仿真，2012，29 (7)：375-378．
[126] 滋维·博迪，亚历克斯·凯恩，艾伦J. 马库斯．投资学（原书第9版）[M]．汪昌云，张永骥，等译．北京：机械工业出版社，2012．
[127] 谢源，郑传芳，陈如凯．国内外白糖期货市场互相引导功能的分析研究 [J]．长春理工大学学报（社会科学版），2012 (12)：100-102．
[128] Markowitz. Portfolio Selection [J]. Journal of Finance，1952，7 (1)．
[129] Ederington. The Hedging Performance of the New Futures Markets [J]. Journal of Finance，1979，34 (3)．

[130] Cecchetti, Cumby, Figlewski. Estimation of the Optimal Futures Hedge [J]. Review of Economics and Statistics, 1988, 70 (4).

[131] Baillie, Myers. Bivariate Garch Estimation of the Optimal Commodity Futures Hedging [J]. Journal of Applied Econometrics, 1991, 6 (2).

[132] Kroner, Sultan. Time-Varying Distributions and Dynamic Hedging with Foreign Currency Futures [J]. Journal of Financial and Quantitative Analysis, 1993, 28 (4).

[133] Ghosh. Hedging with Stock Index Futures: Estimation and Forecasting with Error Correction Model [J]. Journal of Futures Markets, 1993 (13).

[134] Liu, Gopikrishnan, Cizeau, et al. Statistical Properties of the Volatility of Price Fluctuations [J]. Phys.Rev.E, 1999, 60 (2).

[135] Gulen, Mayhew. Stock Index Futures Trading and Volatility in International Equity Markets [J]. Journal of Futures Markets, 2000 (7).

[136] Brooks, Chong. The Cross-Currency Hedging Performance of Implied Versus Statistical Forecasting Models [J]. Journal of Futures Markets, 2001, 21 (11).

[137] P Wu. A Fuzzy Curved Search Algorithm for Neural Network Learning [J]. Computers and Industrial Engineering, 2002, 43 (4).

[138] Kim, Pang, Je, et al. Pattern Classification Using Support Vector Machine Ensemble [C]. 16th International Conference on Pattern Recognition, 2002.

[139] Moschini, Myers. Testing for Constant Hedge Ratios in Commodity Markets: A Multivariate GARCH Approach [J]. Journal of Empirical Finance, 2002, 9 (5).

[140] Lien, Tse, Tsui. Evaluating the Hedging Performance of the Constant-correlation GARCH Model [J]. Applied Financial Economics, 2002, 12 (11).

[141] Kim J. Financial Time Series Forecasting Using Support Vector Machines [J]. Neurocomputing, 2003, 55 (12).

[142] Kan, Chung, Yip. A Constraint-Based Hybrid Heuristic Solver for Practical School Timetabling [C]. International Conference on Design and Application of Hybrid Intelligent Systems, 2003.

[143] Hamid, Iqbal. Using Neural Networks for Forecasting Volatility of S&P 500 Index Futures Prices [J]. Journal of Business Research, 2004,

57 (10).

[144] Bae, Kwon, Park. Futures Trading, Spot Market Volatility and Market Efficiency: The Case of the Korean Index Futures Markets [J]. Journal of Futures Markets, 2004, 24 (12).

[145] Chen, Lee, Shrestha. Futures Hedge Ratios: A Review [J]. Quarterly Review of Economics and Finance, 2004, 43 (3).

[146] Ederington, Guan. The Information Frown in Option Prices [J]. Journal of Banking and Finance, 2005, 29 (6).

[147] Huang, Nakamori, Wang. Forecasting Stock Market Movement Direction with Support Vector Machines [J]. Computers and Operations Research, 2005, 32 (1).

[148] Liu, Yong. Option Pricing with An Illiquid Underlying Asset Market [J]. Journal of Economic Dynamics and Control, 2005, 29 (12).

[149] Kwon, Kang, Ro, et al. A Hierarchical Microcalcification Detection Algorithm Using SVM in Korean Digital Mammography [J]. Headache: the Journal of Head and Face Pain, 2006, 27 (5).

[150] Mullur, Messac.Metamodeling Using Extended Radial Basis Function: A Comparative Approach [J]. Engineering with Computers, 2006, 21 (3).

[151] Battermann, Broll, Wong. Cross-hedging of Exchange Rate Risks: A Note [J]. Japanese Economic Review, 2006, 57 (3).

[152] Harris, Shen.Hedging and Value at Risk [J]. Journal of Futures Markets, 2006, 26 (4).

[153] Andersson, Haslam, Lee. Financialized Accounts: Restructuring and Return on Capital Employed in the S&P 500 [J]. Accounting Forum, 2006, 30 (1).

[154] Hatemi, Roca. Calculating the Optimal Hedge Ratio: Constant, Time Varying and the Kalman Filter Approach [J]. Applied Economics Letters, 2006, 13 (5).

[155] Ince, Trafalis. Kernel Principal Component Analysis and Support Vector Machines for Stock Price Prediction [J]. Iie Transactions, 2007, 39 (6).

[156] Tsang, Kwok, Choy, et al. Design and Implementation of NN5 for Hong Kong Stock Price Forecasting [J]. Engineering Applications of Artificial Intelligence, 2007, 20 (4).

[157] Hsu, Wang, Tseng. Dynamic Hedging with Futures: A Copula-based GARCH Model [J]. Journal of Futures Markets, 2008, 28 (11).

[158] Ince, Trafalis. Short Term Forecasting with Support Vector Machines and Application to Stock Price Prediction [J]. International Journal of General Systems, 2008, 37 (6).

[159] Wang, Wu, Yang. Realized Volatility and Correlation in Energy Futures Markets [J]. Journal of Futures Markets, 2008, 28 (10).

[160] Yu, Wang, Lai. Forecasting Crude Oil Price with an EMD-based Neural Network Ensemble Learning Paradigm [J]. Energy Economics, 2008, 30 (5).

[161] Kavussanos, Visvikis. Hedging Effectiveness of the Athens Stock Index Futures Contracts [J]. European Journal of Finance, 2008, 14 (3).

[162] Hsu, Tseng, Wang. Dynamic Hedging with Futures: A Copula-based GARCH Model [J]. Journal of Futures Markets, 2008, 11 (28).

[163] Chang, Liu. A TSK Type Fuzzy Rule Based System for Stock Price Prediction [J]. Expert Systems with Applications, 2008, 34 (1).

[164] Bhaduri, Durai. Optimal Hedge Ratio and Hedging Effectiveness of Stock Index Futures: Evidence from India [J]. Macroeconomics and Finance in Emerging Market Economies, 2008, 1 (1).

[165] Adnan Kasman, Saadet Kasman. The Impact of Futures Trading on Volatility of the Underlying Asset in the Turkish Stock Market [J]. Pacific-Basin Finance Journal, 2008, 38 (7).

[166] Ramaprasad Bhar, Shigeyuki Hamori.Information Content of Commodity Futures Prices for Monetary Policy [J]. Economic Modelling, 2008, 25 (2).

[167] Lu, Lee, Chiu. Financial Time Series Forecasting Using Independent Component Analysis and Support Vector Regression [J]. Decision Support Systems, 2009, 47 (2).

[168] Agnolucci. Volatility in Crude Oil Futures: A Comparison of the Predictive Ability of GARCH and Implied Volatility Models [J]. Energy Economics, 2009, 31 (2).

[169] WeiChiang Hong. Electric Load Forecasting by Support Vector Model [J]. Applied Mathematical Modelling, 2009, 33 (5).

[170] Lee M C. Using Support Vector Machine with a Hybrid Feature Selection Method to the Stock Trend Prediction [J]. Expert Systems with Applications, 2009, 36 (8).

[171] Khemchandani, Jayadeva, Chandra. Regularized Least Squares Fuzzy

Support Vector Regression for Financial Time Series Forecasting [J]. Science Direct, 2009, 36 (1).
[172] Lai, Chen, Gerlach. Optimal Dynamic Hedging via Copula-threshold-GARCH Models [J]. Mathematics and Computers in Simulation, 2009, 79 (8).
[173] Kim, Park, Toh, et al. SVM-based Feature Extraction for Face Recognition [J]. Pattern Recognition, 2010, 43 (8).
[174] Park, Switzer. Bivariate GARCH Estimation of the Optimal Hedge Ratios for Stock Index Futures: A Note [J]. Journal of Futures Markets, 2010, 15 (1).
[175] Junkus, Cheng. Use of Three Stock Index Futures in Hedging Decisions [J]. Journal of Futures Markets, 2010, 5 (2).
[176] Huang, Hu, Liao. Short Sale, Stock Liquidity, and the Day-of-the-Week Effect: Evidence from the Taiwan Stock Market [J]. Review of Pacific Basin Financial Markets and Policies, 2010, 13 (1).
[177] Chang, McAleer, Tansuchat. Crude Oil Hedging Strategies Using Dynamic Multivariate GARCH [J]. Energy Economics, 2010, 33 (5).
[178] Holmes. Stock Index Futures Hedging: Hedge Ratio Estimation, Duration Effects, Expiration Effects and Hedge Ratio Stability [J]. Journal of Business Finance and Accounting, 2010, 23 (1).
[179] Hamid, Zakaria. Forecasting Iranian Crude Oil Price Using Artificial Neural Network and Arima Models [J]. Journal of Social Policy, 2011, 7 (3).
[180] Hamzacebi, Pekkaya. Determining of Stock Investments with Grey Relational Analysis [J]. Expert Systems with Applications, 2011, 38 (8).
[181] Wei, Wang, Huang. A copula-multifractal Volatility Hedging Model for CSI 300 Index Futures [J]. Physica A: Statistical Mechanics and Its Applications, 2011, 23 (3).
[182] Srinivasan. Estimation of Constant and Time-Varying Hedge Ratios for Indian Stock Index Futures Market: Evidence from the National Stock Exchange [J]. IUP Journal of Applied Finance, 2011, 17 (2).
[183] Yu, Yao, Wang, et al. Credit Risk Evaluation Using A Weighted Least Squares SVM Classifier with Design of Experiment for Parameter Selection [J]. Expert Systems with Applications, 2011, 38 (12).
[184] Chang, Wang, Zhou. A Novel Model by Evolving Partially Connected

Neural Network for Stock Price Trend Forecasting [J]. Expert Systems with Applications, 2012, 39 (1).

[185] Cousin, Crépey, Kan. Delta-hedging Correlation Risk? [J]. Review of Derivatives Research, 2012, 15 (1).

[186] Tsai, Ko, Huang, et al. Optimizing Locations for the Installation of Automated External Defibrillators (AEDs) in Urban Public Streets through the Use of Spatial and Temporal Weighting Schemes [J]. Applied Geography, 2012, 35 (2).

[187] Lee Chang Min, Lee Hahn Shik. Correlation between the Stock and Futures Markets by Timescale [J]. Korean Journal of Applied Statistics, 2012, 25 (6).

[188] Gorton, Hayashi, Rouwenhorst. The Fundamentals of Commodity Futures Returns [J]. Review of Finance, 2012, 17 (1).

[189] Byun, Cho. Forecasting Carbon Futures Volatility Using GARCH Models with Energy Volatilities [J]. Energy Economics, 2013, 40 (2).

[190] Masteika, Driaunys, Rutkauskas. Historical Data Formation for Back Test and Technical Analysis in North American Futures Market [J]. Transformations in Business and Economics, 2013 (12).

[191] Hou, Li. Price Discovery in Chinese Stock Index Futures Market: New Evidence Based on Intraday Data [J]. Asia-Pacific Financial Markets, 2013, 20 (1).

[192] Gorenflo. Futures Price Dynamics of CO_2 Emission Allowances [J]. Empir Econ, 2013 (45).

[193] Power, Vedenov, Anderson, et al. Market Volatility and the Dynamic Hedging of Multi-commodity Price Risk [J]. Applied Economics, 2013, 27 (45).

[194] You, Nguyen. Higher Order Moment Risk in Efficient Futures Portfolios [J]. Journal of Economics and Business, 2013, 65 (2).

[195] Kellner, Gatzert. Estimating the Basis Risk of Index-linked Hedging Strategies Using Multivariate Extreme Value Theory [J]. Journal of Banking and Finance, 2013, 37 (11).

[196] Suk Joon Byun. Forecasting Carbon Futures Volatility Using GARCH Models with Energy Volatilities [J]. Energy Economics, 2013 (40).

[197] Harris, Mazibas. Dynamic Hedge Fund Portfolio Construction: A Semi-parametric Approach [J]. Journal of Banking and Finance, 2013, 37 (1).

[198] Dewally, Ederington, Fernando. Determinants of Trader Profits in Commodity Futures Markets [J]. The Review of Financial Studies, 2013, 26 (10).

[199] Szymanowska, Roon, Nijman, et al. An Anatomy of Commodity Futures Risk Premia [J]. Journal of Finance, 2014, 65 (1).

[200] Smales. News Sentiment in the Gold Futures Market [J]. Journal of Banking and Finance, 2014, 49 (3).

[201] Yu, Chen, Zhang. A SVM Stock Selection Model within PCA [J]. Procedia Computer Science, 2014, 31 (3).

[202] Hsu, Chen. A Clustering Time Series Model for the Optimal Hedge Ratio Decision Making [J]. Neurocomputing, 2014, 13 (8).

[203] Dark. Futures Hedging with Markov Switching Vector Error Correction FIEGARCH and FIAPARCH [J]. Journal of Banking & Fianace, 2015, 61 (2).

[204] Xiong, Li, Bao, et al. A Combination Method for Interval Forecasting of Agricultural Commodity Futures Prices [J]. Knowledge-Based Systems, 2015, 9 (2).

[205] Wu, Myers, Guan, et al. Risk-adjusted Implied Volatility and Its Performance in Forecasting Realized Volatility in Corn Futures Prices [J]. Journal of Empirical Finance, 2015 (34).

[206] Malhotra. Evaluating the Hedging Performance of Oil and Oilseeds Futures in India [J]. Paradigm, 2015, 19 (2).

[207] Smales, Grady, Yang. Examining the Impact of Macroeconomic Announcements on Gold Futures in a VAR-GARCH Framework [J]. Applied Economics Letters, 2015, 22 (9).

[208] Chou, Prasad, Lin, et al. Takagi-Sugeno-Kang Type Collaborative Fuzzy Rule Based System [J]. Computational Intelligence and Data Mining, 2015, 41 (6).

[209] Kokholm. Pricing and Hedging of Derivatives in Contagious Markets [J]. Journal of Banking and Finance, 2016, 66 (1).

[210] Basher, Sadorsky. Hedging Emerging Market Stock Prices with Oil, Gold, VIX, and Bonds: A Comparison between DCC, ADCC and GO-GARCH [J]. Energy Economics, 2016, 54 (2).

[211] Fan, Li, Park. Estimation and Hedging Effectiveness of Time-Varying Hedge Ratio: Nonparametric Approaches [J]. Journal of Futures

Markets, 2016, 36 (10).

[212] Silvennoinen, Thorp. Crude Oil and Agricultural Futures: An Analysis of Correlation Dynamics [J]. Journal of Futures Markets, 2016, 36 (6).

[213] Charfeddine. Breaks or Long Range Dependence in the Energy Futures Volatility: Out-of-sample Forecasting and VaR Analysis [J]. Economic Modelling, 2016, 53 (C).

[214] Srinivasan, Babu. Managing Price Risk Using Futures-Evidence from Indian Commodities Market [J]. Asian Journal of Research in Banking and Finance, 2017, 7 (2).

[215] Lee, Enke, Kim. A Relative Value Trading System Based on A Correlation and Rough Set Analysis for the Foreign Exchange Futures Market [J]. Engineering Applications of Artificial Intelligence, 2017, 61 (5).

[216] Tian, Yang, Chen. Realized Volatility Forecasting of Agricultural Commodity Futures Using the HAR Model with Time-varying Sparsity [J]. International Journal of Forecasting, 2017, 33 (1).

[217] Ender Su. Stock Index Hedging Using A Trend and Volatility Regime-switching Model Involving Hedging Cost [J]. Intemational Review of Economics and Finance, 2017, 47 (1).

[218] Baharul-Ulum, Ahmad, Salamudin, et al. The Effects of Risk Modelling: Assessing Value at Risk Accuracy [J]. Institutions and Economies, 2017, 21 (7).

[219] Ghoddusi, Emamzadehfard. Optimal Hedging in the US Natural Gas Market: The Effect of Maturity and Cointegration [J]. Energy Economics, 2017, 63 (3).

[220] Gurmeet Singh. Estimating Optimal Hedge Ratio and Hedging Effectiveness in the NSE Index Futures [J]. Jindal Journal of Business Research, 2017, 6 (2).

[221] Jacinta Chan Phooi M ' ng. Dynamically Adjustable Moving Average (AMA') Technical Analysis Indicator to Forecast Asian Tigers' Futures Markets [J]. Physica A: Statistical Mechanics and its Applications, 2018, 50.

[222] Barbi, Romagnoli. Skewness, Basis Risk, and Optimal Futures Demand [J]. International Review of Economics&Finance, 2018, 58 (1).

[223] Wang, Shao, Kim. Analysis of the Impact of COVID-19 on the

Correlations between Crude Oil and Agricultural Futures [J]. Chaos, Solitons & Fractals, 2020, 136 (7).

[224] Maréchal Loïc. Do Economic Variables Forecast Commodity Futures Volatility? [J]. Journal of Futures Markets, 2021, 41 (11).

关键词索引